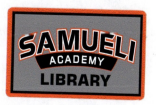

Seis sombreros para pensar

DIRECTOR DE COLECCIÓN
Ernesto Gore

EDICIÓN ORIGINAL
Viking, England, 1986

TÍTULO ORIGINAL
Six Thinking Hats

TRADUCCIÓN
Marcela Pandolfo

DISEÑO DE TAPA
MVZ ARGENTINA

EDWARD DE BONO

Seis sombreros para pensar

GRANICA

BUENOS AIRES - MÉXICO - SANTIAGO - MONTEVIDEO

BUENOS AIRES   Ediciones Granica S.A.
Lavalle 1634 - 3º G
C 1048 AAN Buenos Aires, Argentina
Tel.: +5411-4374-1456
Fax: +5411-4373-0669
E-mail: granica.ar@granicaeditor.com

MÉXICO   Ediciones Granica México S.A. de C.V.
Cerrada 1º de Mayo 21
Col. Naucalpan Centro
53000 Naucalpan, México
Tel.: +5255-5360-1010
Fax: +5255-5360-1100
E-mail: granica.mx@granicaeditor.com

SANTIAGO   Ediciones Granica de Chile S.A.
San Francisco 116
Santiago, Chile
E-mail: granica.cl@granicaeditor.com

MONTEVIDEO   Ediciones Granica S.A.
Salto 1212
11200 Montevideo, Uruguay
Tel./Fax: +5982-410-4307
E-mail: granica.uy@granicaeditor.com

www.granica.com

I.S.B.N. 950-641-061-5

Hecho el depósito que marca la ley 11.723

Impreso en Argentina. *Printed in Argentina*

De Bono, Edward
   Seis sombreros para pensar. – 1a. ed. 1a. reimp. – Buenos Aires :
Granica, 2004.
   208 p. ; 22x15 cm. – (Management / dirigido por Ernesto Gore)

   Traducido por: Marcela Pandolfo

   ISBN 950-641-061-5

   1. Marketing I. Pandolfo, Marcela, trad. II. Título
CDD 658.8

ÍNDICE

PREFACIO

¿Es realmente posible cambiar la eficacia del pensamiento?

En enero de 1985, la revista *Time* consagró "Hombre del Año" a quien fue el responsable último del éxito rotundo de los Juegos Olímpicos de Los Angeles: Peter Ueberroth. Generalmente en estos juegos se pierden cientos de millones de dólares. A pesar de que la ciudad de Los Angeles se había opuesto a gastar fondos municipales en los Juegos Olímpicos, los de 1984 dieron un excedente de 250 millones de dólares. El extraordinario éxito se debió fundamentalmente a nuevos conceptos y nuevas ideas, aplicados con liderazgo y eficacia.

¿Qué clase de pensamiento generó estos nuevos conceptos?

Peter Ueberroth, en una entrevista concedida al *Washington Post* el 30 de septiembre de 1984, explica de qué modo utilizó el pensamiento lateral para generar nuevos conceptos. El pensamiento lateral es una técnica que desarrollé hace muchos años. He escrito muchos libros al respecto. Peter Ueberroth había asistido a una charla de una hora, que di en la Organización de Jóvenes Presidentes, *nueve años antes.*

Hay muchos otros ejemplos del modo como una técnica deliberada tiene gran efecto. Mi tarea consiste en inventar las técnicas y presentarlas. Luego corresponde a individuos, como por ejemplo Mr. Ueberroth, elegirlas y ponerlas en práctica.

El pensamiento es el recurso máximo del ser humano. Sin embargo, nunca estamos satisfechos con nuestra capacidad más importante. No importa cuán buenos seamos, siempre querríamos ser mejores. Generalmente, los únicos que están satisfechos con su capacidad de pensamiento son aquellos pobres pensadores que creen que el objetivo de pensar es probar que tienen razón –para su propia satisfacción. Sólo si tenemos una visión limitada del poder del pensamiento, nos puede complacer nuestra perfección en este terreno, pero no de otro modo.

La dificultad principal para el pensamiento es la confusión. Intentamos hacer demasiado al mismo tiempo. Las emociones, la información, la lógica, la esperanza y la creatividad nos agobian. Es como hacer malabarismo con demasiadas pelotas.

En este libro presento un concepto muy simple que permite al pensador hacer una cosa por vez. Permite separar la lógica de la emoción, la creatividad de la información, y así sucesivamente. Éste es el concepto de los seis sombreros para pensar. Ponerse uno implica definir un cierto tipo de pensamiento. Aquí describiré la naturaleza y el aporte de cada uno.

Los seis "sombreros para pensar" nos permiten conducir nuestro pensamiento, tal como un director podría dirigir su orquesta. Podemos manifestar lo que queremos. De modo semejante, en cualquier reunión es muy útil hacer desviar a la gente de su rol habitual, y llevarla a pensar de un modo distinto sobre el tema del caso.

La absoluta *conveniencia* de los seis sombreros para pensar constituye el valor principal de este concepto.

E. B.

CAPÍTULO 1

"ACTUAR COMO SI"

Si actúas como un pensador te convertirás en uno de ellos

CREO QUE UNO DE LOS DOS ORIGINALES de *El Pensador* de Rodin está en Buenos Aires, en la plaza frente al palacio legislativo. Por lo menos eso me dijo la guía mientras me señalaba este ocupado pensador tallado en bronce perdurable.

En tanto "hecho", esto bien puede ser erróneo en varios aspecto. Puede no ser un original. Puede no haber habido dos originales. La guía pudo haberse equivocado. Puede no estar en la plaza frente al palacio legislativo. Podría fallarnos la memoria. Por lo tanto, ¿por qué debería exponer algo que no ha sido verificado de un modo absoluto como un hecho? Hay muchas razones.

Una, que más adelante en este libro me referiré de modo específico al uso de los hechos. Otra, irritar a los que creen que los hechos son más importantes que su uso. En tercer lugar, que quiero que el lector visualice aquella famosa figura pensadora, dondequiera que esté la misma. La razón verdadera, que este libro fue escrito en un avión, durante un viaje de Londres a Kuala Lumpur, Malasia. Como quiera que haya sido, usé la palabra "creo", que indica que mi estado es de opinión más que de afirmación dogmática de un hecho. A menudo necesitamos indicar *el modo como se está exponiendo algo*. Sobre esto trata este libro.

Si quieres imaginar la tan usada –excesivamente usada– imagen de *El Pensador* de Rodin, quiero que imagines esa postura de la mano en la barbilla, que supuestamente adopta cualquier pensador que no sea frívolo. Creo, por cierto, que el pensador debería ser activo y enérgico más que apesadumbrado y solemne. Pero, por el momento, la imagen tradicional es útil.

Adopta esa postura –en forma física, no mental– y te convertirás en un pensador. ¿Por qué? Porque si "actúas como si" fueras un pensador, te convertirás en un pensador.

Los tibetanos rezan haciendo girar unos molinillos sobre los que están grabadas las oraciones. Los molinillos giratorios hacen subir las oraciones en espiral hacia el espacio divino. En la práctica, si se encuentran debidamente en equilibrio, un ayudante puede mantener girando una docena de molinillos de oración como en el acto circense en que giran platos equilibrados en la punta de largos palos. Es posible que el tibetano piense en la lista de ropa para lavar mientras hace girar la rueda. Importa la intención de rezar y no tanto las vibraciones emocionales o espirituales que muchos cristianos se exigen a sí mismos. Existe otro punto de vista cristiano mucho más próximo al tibetano: efectuar los movimientos propios de la oración aunque no se esté emocionalmente comprometido. Las emociones coincidirán con los movimientos a su debido tiempo. Eso es, precisamente, lo que quiero decir cuando te pido que "actúes como si" fueras un pensador.

Adopta la postura de un pensador. Haz los movimientos. Ten la intención y manifiéstatela a ti mismo y a quienes te rodean. Muy pronto tu cerebro desempeñará el rol que estás "actuando". Si finges ser un pensador, muy pronto, en efecto, te convertirás en un pensador. Este libro expone los diferentes *roles* para que "actúes como si".

CAPÍTULO 2

PONIÉNDOSE UN SOMBRERO

Un proceso muy deliberado

EL RASGO MÁS LLAMATIVO de cualquier fotografía tomada hace más de cuarenta años es que *todos* llevan sombrero. Las fotografías de los periódicos de las películas de la época muestran esta gran preponderancia de los sombreros.

Actualmente un sombrero es algo raro, especialmente entre los hombres. Los sombreros tienden a definir un rol. Se usa sombrero como parte de un uniforme, algo que de por sí define un rol.

Se puede decir que un esposo autoritario que da órdenes a su familia lleva puesto el "sombrero de director de escuela" o el "sombrero de ejecutivo". Una mujer de negocios podrá distinguir los dos roles que desempeña diciéndole a su audiencia cuál sombrero se ha puesto: "el sombrero de ejecutivo" o "el sombrero de ama de casa". Mrs. Thatcher, la primera ministra de Inglaterra, en ciertas ocasiones manifiesta que el manejo del gobierno obliga a la práctica, la prudencia y la frugalidad de un ama de casa.

También existe la idea de un *sombrero para pensar.*

—Tendré que ponerme el sombrero para pensar y considerar su nueva propuesta. No estoy seguro de querer vender el edificio.

—Póngase el sombrero para pensar y llámeme por teléfono mañana.

—Esta es una empresa arriesgada. Tendremos que ponernos los sombreros para pensar y ver cómo podremos salir de este atolladero.

Siempre me imaginé el sombrero para pensar como una especie de gorro de dormir flojo y con una borla colgante. Casi como un bonete para los tontos, pero sin la firme arrogancia que es el único signo real de la tontería.

La gente se ofrece para ponerse sus propios sombreros para pensar o pide a otros que lo hagan.

El *ponerse* un sombrero de un modo deliberado es algo muy preciso.

Antiguamente, el que la niñera se pusiera sombrero constituía señal cierta de que ella –y los niños– iban a salir. No había posibilidad de contradicción. La señal era definitiva. Cuando un policía se pone su sombrero, está señalando claramente su deber y su actividad. Un soldado sin gorra nunca aparenta la misma seriedad ni inspira el mismo respeto que con la gorra puesta.

Es una lástima que no exista un auténtico sombrero para pensar que se pueda adquirir en las tiendas. En Alemania y en Dinamarca existe un sombrero para estudiantes, que es una especie de gorro de sabio. Pero la erudición y el pensamiento raramente coinciden. Los eruditos suelen estar muy ocupados aprendiendo sobre el pensamiento de otros como para pensar por sí mismos.

Considere la utilidad de un *verdadero sombrero para pensar.*

—No me moleste. ¿No ve que estoy pensando?

—Voy a interrumpir esta discusión para que todos nos podamos poner los sombreros para pensar y dedicarnos a este tema.

—Quisiera que pensara sobre esto en este preciso momento. Me agradaría que se pusiera su sombrero para pensar.

—Quisiera que siguiera pensando en este plan. Póngase otra vez en la cabeza el sombrero para pensar.

—Ud. me paga por pensar. Por lo tanto, aquí estoy sentado, pensando. Cuanto mejor me pague mejor pensaré.

—¿Qué le parece si pensamos intensamente esta cuestión? Hasta ahora, usted sólo me dio respuestas impulsivas. Póngase el sombrero para pensar.

—Pensar no es una excusa para no hacer, sino un modo de hacer las cosas mejor. Así que manos a la obra.

Esta imagen mental de alguien que usa un verdadero sombrero para pensar podría servir para evocar el estado mental tranquilo y despreocupado necesario para que cualquier pensamiento implique algo más que meras reacciones frente a una situación. Probablemente, los pensadores concienzudos pueden dedicar cinco minutos diarios al uso intensivo del sombrero para pensar. Todo depende de si usted considera que le pagan para pensar o para seguir el pensamiento de otros.

Quiero concentrarme en el tema del *pensamiento deliberado*. Tal es el despropósito del sombrero para pensar. Uno se lo pone de un modo deliberado.

Existe el tipo de pensamiento del caminar-hablar-respirar, que ponemos en práctica todo el tiempo. Contestamos el teléfono. Cruzamos la calzada. Entramos y salimos de las rutinas. No necesitamos ser conscientes de cuál pierna sigue a la otra cuando caminamos, o de cómo respirar. Hay un apoyo permanente en este tipo de pensamiento automático. Pero existe también una clase diferente de pensamiento que es mucho más deliberado y exige mayor concentración. El pensamiento automático sirve para encarar rutinas; el pensamiento deliberado, para hacer mejor las cosas, no sólo para encararlas y resolverlas al paso. Todos podemos correr, pero un atleta corre de modo deliberado y se entrena para esto.

No es fácil determinar que queremos salir del modo rutinario de pensar e ingresar al tipo de pensamiento deliberado. Así pues, la expresión "sombrero para pensar" resulta una precisa señal que nos podemos dar y dar a los demás.

Comparemos estos dos tipos de pensamiento: el rutinario y el deliberado.

Cuando conduces un automóvil, debes elegir la ruta, seguirla y mantenerte fuera del camino de los demás automóviles. Gran parte de la actividad que se va dando de un momento a otro depende del momento anterior y del posterior. Buscas señales y reaccionas. Esto es *pensamiento reactivo*. Así pues, el tipo de pensamiento del caminar-hablar-respirar es muy semejante a conducir en una ruta. Lees las señales de tránsito y tomas decisiones. Pero no *trazas el mapa*.

El otro tipo de pensamiento está relacionado con el *trazado de mapas*. Investigas el tema y trazas el mapa. Lo trazas desde una posición objetiva y neutral. Para hacer esto debes mirar de un modo amplio, general. Lo cual es muy diferente del mero reaccionar a las señales de tránsito a medida que van apareciendo.

Este contraste se manifiesta en el ejemplo siguiente:

Imagina que intentas ganar una discusión. Presentas tu caso y expones todos los puntos que lo favorecen. Escuchas a tu oponente sólo para atacarlo y dejar en evidencia sus puntos débiles. Estás constantemente atacando o defendiendo. Cada una de las partes reacciona frente a la otra.

Compara esto con el modo de trazar un mapa.

Yo conduje en las escuelas un programa para enseñar a pensar. Se llama TIC (Tarea de Investigación Cognitiva). Actualmente lo utilizan varios millones de escolares de diferentes países. La primera lección se llama PMI. En lugar de sólo *reaccionar* ante una determinada situación, el joven traza un mapa simple. Para hacerlo, contempla primero la dirección "Plus" (positivo) y anota lo que observa. El joven dirige después su atención hacia la dirección "Minus" (negativo), y finalmente hacia la dirección "Interesting" (interesante) (para todas las cosas que vale la pena anotar pero no encajan ni en "Plus" ni en "Minus"). El mapa está trazado. El pensador elige su ruta.

Una jovencita lo expresó con toda claridad. Dijo: "Yo creía que hacer un PMI era tonto y artificial, ya que yo sabía lo que pensaba. Pero cuando terminé el PMI, descubrí que lo que yo misma había anotado me había hecho cambiar de opinión."

Se trata de dirigir la atención y de tener un modo de hacerlo.

En Sidney, Australia, una clase de treinta jovencitos votó a favor de que se les dieran cinco dólares por semana para ir a la escuela. Después de hacer el PMI, y sin que la maestra sugiriera nada distinto, veintinueve cambiaron de opinión y decidieron que la idea no era buena.

Un empresario que durante meses había estado discutiendo con una importante empresa petrolera, pidió a todos que hicieran un PMI en la próxima reunión. Me contó que el problema se solucionó en veinte minutos. Una vez trazado el "mapa", se pudo elegir un camino.

Una mujer que hacía dos años estaba planificando mudarse de California a Arizona, hizo un PMI con sus dos hijos. Al finalizar este breve ejercicio, se canceló la mudanza.

Uno de los inventores más grandes del mundo, Paul Mac-Cready, se vio envuelto en un problema burocrático. Su hijo le sugirió que hiciera el PMI, y de esto resultó la solución.

El tipo de pensar que traza mapas requiere cierto distanciamiento. No así el tipo automático de pensamiento (caminar-hablar-respirar). En realidad, este tipo de pensamiento reactivo sólo puede funcionar cuando hay algo ante qué reaccionar. Por esto, la noción de que el pensamiento crítico es la forma más completa de pensamiento puede resultar muy peligrosa. Hay una tonta creencia, basada en una defectuosa interpretación de los grandes pensadores griegos, que sostiene que el pensamiento se basa en el diálogo y en la argumentación dialéctica. Esta creencia ha hecho mucho daño al pensamiento occidental.

La costumbre occidental de la argumentación y la dialéctica es defectuosa; excluye lo creativo y lo generativo. El pensamiento crítico vale para reaccionar ante lo que se pone enfrente pero no hace nada para producir propuestas.

Los escolares reaccionan frente a lo que se les presenta: material bibliográfico, comentarios de los maestros, series de TV, etc. Pero tan pronto como el joven termina la escuela, deberá hacer mucho más que sólo reaccionar. Necesita iniciativa, planes y acción. Y no obtendrá esto a partir del pensamiento reactivo.

He acuñado el término *operabilidad* para referirme a este "pensar actuante". Es la habilidad para hacer –y el pensamiento que implica. La palabra *operabilidad* debe ser paralela a "literabilidad" (la capacidad para leer y escribir) y a "numerabilidad" (la capacidad para usar números); estoy firmemente convencido de que la operabilidad debería ser un ingrediente básico de la educación, en un pie de igualdad con la capacidad para leer, escribir y usar los números. En efecto, las lecciones TIC de pensamiento se ocupan de la operabilidad: establecimiento de objetivos, evaluación de prioridades, generación de alternativas, etc.

Si no sólo buscamos reaccionar frente a lo que se nos presenta, necesitamos poseer un modo de dirigir la atención. El PMI es una de las formas de hacerlo. En este libro enfocamos otro modo.

Cuando se imprime un mapa a todo color, los colores están separados. Primero se pone un color en el papel. Luego se imprime encima otro color. Luego el siguiente y el siguiente hasta que un mapa completo queda a la vista.

En este libro, los seis sombreros para pensar corresponden a los diferentes colores que se usan para imprimir un mapa. Éste es el método que intentaré usar para dirigir la atención. No sólo se trata, por lo tanto, de ponerse un sombrero para pensar, sino también de escoger de qué *color* será el sombrero que se va a utilizar.

CAPÍTULO 3

INTENCIÓN Y DESEMPEÑO

QUIERO VOLVER A MARCAR LA DIFERENCIA entre *intención* y *desempeño* porque mucha gente tiene una opinión errónea al respecto.

Ya he dicho que si "actúas como si" fueras un pensador –por ejemplo, adoptando un modo de pensar– te convertirás en pensador. Tu pensamiento seguirá a tus movimientos. Tu "actuar como si" se volverá real.

Pareciera que sostengo que si tienes la intención de convertirte en pensador, tu desempeño será efectivamente el de pensador.

Muchos se van a apresurar a señalar que esto es absurdo. Me permito, por lo tanto, señalarlo yo mismo. Si tienes la intención de convertirte en levantador de pesas, ¿basta esta intención para que levantes pesas? Si tienes la intención de convertirte en ajedrecista, ¿hará esto que muevas las piezas del tablero como un experto? La respuesta es no, porque en estos casos estamos buscando un desempeño excepcional.

En cambio, si tienes la intención de convertirte en cocinero, y efectúas los movimientos propios de esa actividad, te convertirás en un cocinero tolerable. No te convertirás en un cheff a menos que tengas el talento necesario, pero *con seguridad* serás un cocinero mucho mejor que cualquiera que no haya tenido la intención ni efectuado los movimientos.

Advierte, por favor, que la intención no es suficiente. *Debes efectuar los movimientos.* No basta con que un tibetano tenga sólo la intención de orar: debe hacer girar el molinillo de oración.

No basta, por cierto que el pensador o la pensadora se consideren pensadores. Esto es casi exactamente lo *opuesto* a lo que estoy diciendo.

Si ya te consideras un pensador, probablemente no hagas nada más al respecto –si estás satisfecho con tu supuesta habilidad.

Una vez le pedí a un grupo de norteamericanos muy bien educados (egresados de la escuela secundaria) que se calificaran, del uno al diez, conforme a su habilidad para pensar. Me asombró el resultado: la calificación promedio fue ocho sobre diez. En otras palabras, sus expectativas respecto de lo que puede hacer el pensamiento eran tan limitadas que cada uno consideraba que su pensamiento era de lo mejor posible. Siendo benévolo, puedo suponer que gran parte de la audiencia comprendió mal la pregunta. Sabían que siempre habían estado dentro del diez por ciento de los mejores en la escuela y en la universidad, por lo que el ocho era un modesto reconocimiento de sus desempeños. Por supuesto, yo estaba buscando una clasificación absoluta. Sin embargo, la gente es admirablemente tolerante con su pensamiento; no concibe de qué modo podría mejorarlo.

Por ser tan poco habitual, la intención de convertirse en pensador es muy importante. No recuerdo haber conocido nunca a nadie que realmente quisiera serlo. Lo cual no debiera sorprender a nadie en vista de lo que vengo diciendo. Por otra parte, el deseo de convertirse en pensador implica que aún no se lo es. El humor, el sexo y el pensamiento son actividades en las que todos se saben competentes.

Cuando el Dr. Luis Alberto Machado pidió que lo nombraran ministro de Desarrollo de la Inteligencia en el gobierno venezolano, estallaron carcajadas a su alrededor. Pero insistió y por fin se entrenó a 106.000 maestros en el uso de las lecciones TIC. Por ley, todo alumno en Venezuela debe pasar dos horas por semana desarrollando específicas habilidades para pensar. Hay lecciones que se llaman "pensar". Los alumnos lo saben, y los maestros, los educadores y los padres también.

Son importantes las capacidades reales que adquieren los alumnos. Pero mucho más importante es la idea *de desarrollar habilidades para pensar.* La imagen que generalmente tiene un joven de sí mismo en la escuela es la siguiente: es "inteligente" o "no inteligente" según cómo se las arregla en la escuela y agrada a la maestra. Este concepto de inteligencia es un concepto de valor. Es como ser bajo o alto, hermoso o feo. No se puede hacer mucho al respecto.

Ser un pensador implica una autoimagen totalmente distinta. Es una *habilidad operativa.* Se puede hacer bastante al respecto. Se puede mejorar en el pensar del mismo modo que en el fútbol o en la cocina. Los jóvenes venezolanos saben que pueden empezar a pensar sobre algo en particular y saben que se les ocurrirán algunas ideas. Para esto utilizan los marcos de referencia TIC.

La adopción de los "sombreros para pensar" que describo en este libro es un modo de reforzar la *intención* de ser un pensador.

Ser un pensador no implica tener razón constantemente. En realidad, quien siempre cree tener la razón es muy posible que sea un pobre pensador (arrogante, sin interés por la investigación, incapaz de ver otras alternativas, etc.). Ser un pensador no implica ser inteligente. Tampoco implica que pueda resolver todos los ingeniosos problemas que la gente me presenta esperando que yo los resuelva siempre. Ser un pensador implica querer conscientemente serlo. Esto es mucho más simple que ser un golfista, un tenista o un músico. Por de pronto, no se necesita tanto equipo.

Por lo tanto, la *intención* es el primer paso. Es fácil y difícil al mismo tiempo. Bastante parecido a los hábitos zen sobre los que es fácil escribir, pero no tan fácil realizar. Por esta razón hacen falta ciertas estructuras tangibles –los seis sombreros para pensar.

Ahora sí que podemos observar el aspecto del *desempeño*. ¿El ceño fruncido y la mano en la barbilla marcan una verdadera diferencia? La respuesta es afirmativa si la postura es deliberada, y negativa si es natural. Lo sorprendente es que a nivel fisiológico podría realmente funcionar. Hay pruebas de que si uno sonríe, la sonrisa contagia toda la fisiología y uno se vuelve más contento y menos propenso a enfadarse. La gente reacciona a la sonrisa artificial de las modelos publicitarias como si sus sonrisas fueran verdaderas. Los signos se vuelven realidad. A la máscara sigue la sustancia.

En un nivel más elemental, si *intentas* escuchar a otra persona, de algún modo pasarás más tiempo escuchando –y tu pensar mejorará. Si frunces el ceño conscientemente para pensar, no podrás tomar ninguna decisión hasta tanto lo desarrugues. Y de este modo la decisión que tomes será mejor que una improvisada sobre la marcha. Los jóvenes violentos a quienes se enseñó a pensar se volvieron menos violentos porque ya no debían recurrir de inmediato a un violento clisé reactivo.

Los seis "sombreros para pensar" ofrecen una forma de traducir la intención en desempeño efectivo.

CAPÍTULO 4

REPRESENTAR UN PAPEL

Unas vacaciones del ego

A LA GENTE NO LE IMPORTA "HACER EL LOCO" con tal de que quede claro que está desempeñando un papel. Incluso se jacta de su buena actuación y de hacer el loco hasta verdaderos extremos. Esto se convierte entonces en una medida de éxito y perfección. El papel representado es lo principal y ahora el ego es el director de escena.

Uno de los problemas del budismo zen es que cuanto más firmemente trata el ego de "no estar ahí", más presente se vuelve en su "intento". Hay un estilo de actor que pierde la identidad de su ego y asume el del papel (actuación del método). Otro estilo de actor dirige su propia actuación. Ambos son buenos actores. Ambos se están tomando vacaciones de ego. Uno se las toma en el exterior y el otro en su casa.

El jugar a ser otra persona permite que el ego trascienda la imagen restrictiva que normalmente tiene de sí mismo. Los actores suelen ser muy tímidos en la vida cotidiana, pero un rol da libertad. Nos puede resultar difícil vernos como tontos, equivocados o burlados. Pero si se nos da un rol bien definido, podemos representarlo, disfrutar de nuestra capacidad de actuar y no dañarnos el ego. Da prestigio ser considerado un buen actor.

El ego corre riesgo si no lo protege un rol formal. Por esta razón, la gente habitualmente negativa asume el papel de abogado del diablo cuando quiere ser negativa. Esto significa suponer que habitualmente no son negativos, pero que es útil que alguien desempeñe este papel y que se proponen representarlo bien. El rol tradicional de abogado del diablo es muy parecido al sombrero negro para pensar que describiré más adelante. Pero en lugar de sólo un rol pensante habrá seis, cada uno definido por un diferente sombrero para pensar.

Representar el papel de un pensador en el sentido amplio de la palabra es un paso valioso en camino a convertirse en un pensador. Pero podemos avanzar aún más si descomponemos este amplio rol en partes más específicas. Éstas se vuelven partes de personajes, tal como los de una buena pantomima, un buen melodrama de TV o una tradicional película del oeste. O puede ser que se conviertan en una forma muy pura de teatro kabuki japonés, donde los roles están sumamente estilizados.

Todo el mundo puede reconocer a la bruja en una pantomima. Parlotea, es maliciosa, disfruta cuando la silban y la abuchean los espectadores. Éste es su papel y lo representa al máximo. También está el noble príncipe, que representa las fuerzas del bien. La dama representa la simple humanidad. Tradicionalmente, una joven representa al príncipe y un hombre a la dama. Esto tiene mucho sentido si se considera que el propósito de los papeles de la pantomima es alejarse lo más posible de la realidad para ilustrar ideas. Los roles de la vida real sólo se ilustrarían a sí mismos. Se inventaron los papeles de la pantomima para representar grandes fuerzas que se humanizan para entretenimiento nuestro. Por lo tanto, el rol será tanto más reconocible como tal cuanto más deliberado y artificial sea. Éste es el secreto del éxito de los melodramas de la TV norteamericana; por esto, en "Dallas", JR resulta adorable.

El rol amplio del sombrero para pensar se descompone en seis diferentes *roles de personajes,* representados por seis sombreros para pensar de distintos colores.

Eliges qué sombrero para pensar adoptas en un momento determinado. Te pones ese sombrero y representas el papel que define ese sombrero. Te observas desempeñando ese rol. Lo representarás lo mejor que puedas. Tu ego queda así protegido por el rol. Tu ego se compromete a representarlo bien.

Cuando te cambias de sombrero para pensar tienes que cambiar de roles. Cada uno debe ser distinto. Tanto como la bruja y el príncipe de la pantomima. Te conviertes en un montón de pensadores diferentes, todos con la misma cabeza.

Todo esto forma parte del tipo de pensamiento constructor de mapas. Como he dicho, cada sombrero de color representa un color distinto que puede utilizarse en la impresión de un mapa. Finalmente los colores se fusionan para dar el mapa completo.

En las páginas que siguen se describe cada uno de los seis sombreros para pensar. Pretenden ser tan distintos uno de otro como sea posible. Es así como se los debe usar. El sombrero rojo es totalmente distinto del sombrero blanco. El amarillo contrasta claramente con el negro. El rol del sombrero azul es distinto del rol del verde.

No es lo mismo representar una comedia que una tragedia. Si tienes puesto el disfraz de payaso, representa al payaso. Cuando lleves el sombrero de villano, haz de villano. Enorgullécete de actuar los diversos roles.

El pensamiento comienza ahora a fluir de los papeles *representados* y no de tu *ego*. De este modo se trazan los mapas. Así, finalmente, el ego puede elegir la ruta que prefiera.

CAPÍTULO 5

LA MELANCOLÍA Y OTROS FLUIDOS

ESTE CAPÍTULO ESTÁ DESTINADO a los que todavía no se convencen. A los que continúan creyendo que la noción de seis "sombreros para pensar" es un juego frívolo y sin sentido que nada puede agregar a nuestra habilidad para pensar. Estas personas deberían leer este capítulo. Los otros pueden ignorarlo si así lo desean.

Quizás los griegos acertaban con su creencia en que los diferentes fluidos del cuerpo afectaban sus estados de ánimo. Si estabas triste y melancólico, se debía a que una "bilis negra" te recorría todo el cuerpo. De hecho, la palabra *melancolía* significa justamente esto: "bilis negra". Así pues, los fluidos o "humores" que te invadían el cuerpo determinaban tu estado anímico. Esos fluidos te afectaban el ánimo y éste, a su vez, te afectaba el pensamiento.

Mucha gente deprimida ha observado que lo que es capaz de pensar mientras le dura la depresión es completamente distinto de los pensamientos que tiene cuando está de buen humor.

Hoy sabemos mucho más sobre el cerebro y podemos explicar mejor el tema de los fluidos griegos. Sabemos que el equilibrio de los productos químicos (neurotransmisores) que actúan sobre el hipotálamo puede afectar intensamente el comportamiento. Sabemos sobre las endorfinas, similares a la morfina, liberadas en el cerebro. También sabemos que complejos neuropéptidos que libera la glándula pituitaria pueden viajar por todos los lugares del cerebro y separarse en productos químicos específicos que afectan diferentes partes del cerebro. Sospechamos que de este modo se produce la fiebre primaveral de los animales (el cambio de equilibrio de luz y oscuridad hace que la glándula pituitaria libere productos químicos que activan el interés sexual). Con el tiempo es posible que comprendamos cómo los productos químicos en el cerebro –y posiblemente en el torrente sanguíneo en general– afectan de modo intenso el humor y el pensamiento.

También se ha demostrado con precisión que los procesos normales de condicionamiento pueden alterar respuestas fisiológicas, según lo mostró Pavlov. Se ha entrenado animales para que les suba o les baje la presión sanguínea en respuesta a estímulos externos.

Posiblemente, con el tiempo, los seis distintos sombreros para pensar puedan adquirir el estatus de señales condicionantes que disparen y pongan en acción un determinado conjunto de productos químicos en el cerebro y que esto, a su vez, afecte nuestro pensar.

Podemos abordar este asunto desde un punto de vista completamente diverso y obtener el mismo resultado.

Si consideramos que el cerebro es un sistema de información *activo*, observamos que su comportamiento es del todo diferente del de los sistemas de información *pasivos* que se utilizan en ordenadoresas y en otras cosas (por ejemplo, en imprenta).

En *El mecanismo de la mente* describí, de modo preliminar, los sistemas activos. Este libro fue editado en 1969, y los científicos en computación de quinta generación, que han cambiado de opinión y aceptado que los sistemas activos autoorganizables son esenciales, recién ahora lo están descubriendo.

Que un sistema es activo significa que la información se organiza por sí misma en estructuras y pautas en lugar de quedarse pasivamente en una superficie a la espera de que el procesador externo la organice.

Una bandeja contiene arena. Una bola de acero que cae en la superficie se queda en el lugar donde cayó. Si arrojamos la bola a través de un cuadrado preciso de una rejilla permanecerá directamente debajo del cuadrado. Éste es un sistema pasivo de información. La bola queda donde se la dejó.

Otra bandeja contiene una bolsa de látex flexible llena con un aceite muy viscoso. La primera bola que se arroje en la superficie empieza a hundirse de un modo gradual hasta el fondo, empujando la superficie de la bolsa de goma. Cuando la bola se queda quieta, hay un contorno en la superficie, una especie de depresión al fondo de la cual reposa la primera bola. Una segunda bola rueda por este declive hacia abajo y se sitúa apoyada en la primera. La segunda bola es activa. No se queda donde se la puso, sino que sigue la gradiente formada por la primera. De hecho, todas las bolas siguientes rodarán hacia la primera y se formará un amontonamiento. Por lo tanto, aquí tenemos una sencilla superficie activa que permite que la información entrante (las bolas) se organice formando un amontonamiento.

Estos ejemplos son muy primitivos, pero sirven para ilustrar la gran diferencia que hay entre los sistemas pasivos y los activos. Es una lástima que todo nuestro pensamiento se haya basado en los sistemas pasivos, porque el mundo de los sistemas activos de información es completamente distinto.

Es posible mostrar cómo las redes nerviosas se comportan como sistemas activos de información que se organizan a sí mismos. Esto es lo que empecé a hacer en *El mecanismo de la mente*. Y, por cierto, el modelo que propuse en ese libro ha sido simulado ahora en computación y efectivamente funciona de acuerdo con lo predicho.

Quien permite que la información entrante se organice a sí misma en estructuras es la naturaleza activa del sistema nervioso. Lo que da origen a la *percepción* es la formación y el uso de tales estructuras. Si no fuera por la capacidad del cerebro para permitir que esta información entrante se auto-organice en dichas estructuras, aun las cosas más simples, como cruzar la calzada serían virtualmente imposibles.

Nuestros cerebros están diseñados para ser brillantemente *no* creativos. Están diseñados para formar pautas estructuradas, fijas, y para luego utilizarlas en cuanta ocasión se presente.

Pero los sistemas de auto-organización tienen una gran desventaja: están aprisionados en la secuencia de su experiencia (la historia de los sucesos). Por esto, será necesario equipar a los ordenadores de quinta generación con humor, emociones o la capacidad de cometer errores. De otro modo nunca podrán pensar.

Las soluciones químicas alteran mucho los umbrales y sensibilidades de las unidades nerviosas. Como consecuencia de un cambio en estos productos químicos se da la estabilización de una estructura distinta. En cierto modo, tenemos un *cerebro diferente* para cada trasfondo químico diferente.

Esto sugiere que las emociones son parte esencial de nuestra capacidad de pensar y no sólo algo extra que nos confunde el pensamiento.

La gente que tiene dificultades para tomar decisiones debería meditar el hecho de que distintos productos químicos del cerebro ya han tomado determinaciones que son acertadas para cada caso particular. Por lo tanto, las opciones son correctas, pero para diferentes cerebros. De allí la indecisión.

La gente, en momentos de pánico o de furia, tiende a comportarse de un modo primitivo. Una posible causa es la siguiente: el cerebro raramente se encuentra en estas especiales condiciones químicas, y por lo tanto no ha tenido oportunidad de adquirir estructuras de reacción compleja. Esto significaría que existe una muy buena razón para entrenar gente bajo esas condiciones emocionales (como siempre han hecho los militares).

La importancia de los cambios de productos químicos en el cerebro es, entonces, evidente. Esto surge, por una parte, del conocimiento cada vez mayor que vamos adquiriendo sobre el comportamiento de nuestro cerebro; por otra parte, de las reflexiones teóricas sobre el comportamiento de los sistemas de información activos con capacidad de auto-organización.

¿Qué relación existe entre esto y los seis "sombreros para pensar"?

Ya dije antes que estos modos de pensar podían convertirse en hechos condicionantes que gatillarían, probablemente, una alteración de los productos químicos del cerebro. También es muy importante desentrañar los diferentes aspectos del pensamiento. Si empezamos a pensar del modo normal, o bien tratamos de excluir las emociones (que de todos modos siguen jugando, aunque en forma solapada, un papel muy influyente en un segundo plano), o bien avanzamos en zig zag entre razón y emoción. Si efectivamente hay diferentes entornos químicos asociados con diferentes modos de pensar, entonces este abigarrado tipo de pensamiento nunca da al cerebro la posibilidad de establecer una conclusión determinada.

CAPÍTULO 6

EL PROPÓSITO DE PENSAR CON SEIS SOMBREROS

EL PRIMER VALOR DE LOS SEIS "sombreros para pensar" es el de la *representación de un papel* definido. La principal restricción del pensamiento son las defensas del ego, responsables de la mayoría de los errores prácticos del pensar. Los sombreros nos permiten pensar y decir cosas que de otro modo no podríamos pensar ni decir sin arriesgar el ego. Disfrazarnos de payasos nos autoriza a actuar como tales.

El segundo valor es el de *dirigir la atención*. Si pretendemos que nuestro pensamiento no sólo sea reactivo, debemos hallar un modo de dirigir la atención a un aspecto después de otro. Los seis sombreros son un medio para dirigir la atención a seis aspectos diferentes de un asunto.

El tercer valor es el de la *conveniencia*. El simbolismo de los seis distintos sombreros ofrece un modo conveniente de pedir a alguien (incluso a ti mismo) que cambie de modo. Puedes pedir a alguien que sea o que deje de ser negativo. Puedes pedir a alguien que dé una respuesta puramente emocional.

El cuarto valor es la *posible base en química cerebral,* que expuse a grandes rasgos en el capítulo anterior. Estoy dispuesto a sostener argumentos que en cierto modo van más allá del estado actual del conocimiento, ya que las exigencias teóricas de los sistemas auto-organizados justifican tal extrapolación.

El quinto valor surge de establecer las *reglas del juego*. La gente es muy buena para aprender las reglas del juego. Uno de los medios más eficaces para enseñar a los niños es el aprendizaje de las reglas del juego. Por esta razón, a ellos les gusta tanto usar ordenadores. Los seis sombreros para pensar establecen ciertas reglas para el "juego" de pensar. Y pienso en un juego de pensamiento en particular: el de trazar mapas como opuesto –o distinto– al de discutir.

CAPÍTULO 7

SEIS SOMBREROS, SEIS COLORES

CADA UNO DE LOS SEIS SOMBREROS para pensar tiene un color: blanco, rojo, negro, amarillo, verde, azul. El color da nombre al sombrero.

Podría haber elegido ingeniosos nombres griegos para indicar el tipo de pensamiento que requiere cada sombrero. Esto habría resultado impresionante y agradado a más de uno. Pero sería poco práctico, ya que resultaría difícil recordar los nombres.

Quiero que los lectores *visualicen* e imaginen los sombreros como verdaderos sombreros. Para esto es importante el color. ¿De qué otro modo se podrían distinguir los sombreros? Formas distintas no serían fáciles de aprender y provocarían confusiones. El color facilita imaginarlos.

Además, el color de cada sombrero está relacionado con su función.

Sombrero Blanco: El blanco es neutro y objetivo. El sombrero blanco se ocupa de hechos objetivos y de cifras.

Sombrero Rojo: El rojo sugiere ira (ver rojo), furia y emociones. El sombrero rojo da el punto de vista emocional.

Sombrero Negro: El negro es triste y negativo. El sombrero negro cubre los aspectos negativos: por qué algo no se puede hacer.

Sombrero Amarillo: El amarillo es alegre y positivo. El sombrero amarillo es optimista y cubre la esperanza y el pensamiento positivo.

Sombrero Verde: El verde es césped, vegetación y crecimiento fértil, abundante. El sombrero verde indica creatividad e ideas nuevas.

Sombrero Azul: El azul es frío, y es también el color del cielo, que está por encima de todo. El sombrero azul se ocupa del control y la organización del proceso del pensamiento. También del uso de los otros sombreros.

Es fácil recordar la función de cada uno si se recuerda el color y las asociaciones. La función del sombrero se desprende de esto. También se los puede pensar como tres pares:

Blanco y rojo

Negro y amarillo

Verde y azul

En la práctica uno se refiere a los sombreros *siempre* por sus colores, *nunca* por sus funciones. Y por una buena razón. Si pides que alguien exprese su reacción emocional ante algo, es poco probable que te respondan honestamente: se piensa que está mal ser emocional. Pero la expresión *sombrero rojo* es neutral. Es más fácil pedirle a alguien que "se quite por un momento el sombrero negro" que pedirle que deje de ser tan negativo. La neutralidad de los colores permite que se usen los sombreros sin impedimento alguno. El pensar se convierte en un juego con reglas definidas; deja de ser asunto de exhortaciones y condenaciones.

Hablamos directamente de sombreros:

—Quiero que te quites el sombrero negro.

—Pongámonos todos el sombrero rojo por un rato.

—Eso está bien para el sombrero amarillo. Ahora pongámonos el blanco.

Cuando trates con gente que no ha leído este libro y no conoce el simbolismo de los seis sombreros para pensar, la explicación de cada color puede aclarar con rapidez el significado de cada uno. A continuación puedes dar a estas personas un ejemplar de este libro para que lo lean. Cuanto más se extiende este modo de decir, más eficaz será su uso. Finalmente, llegará el día que puedas sentarte en cualquier reunión y cambiar de sombreros con toda facilidad.

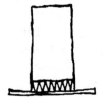

CAPÍTULO 8

EL SOMBRERO BLANCO

Hechos y cifras

¿Puede usted representar el papel de un ordenador?

Sólo exponga los hechos de modo neutral y objetivo.

No interprete: sólo los hechos, por favor.

¿Cuáles son los hechos en este asunto?

Los ordenadores todavía no tienen emociones (aunque probablemente tendremos que hacer que las tengan si queremos que piensen con inteligencia). Esperamos que un ordenador nos muestre los hechos y las cifras cuando los pedimos. Pero no esperamos que discuta con nosotros ni que utilice los hechos y las cifras sólo para sostener su posición.

Los hechos y las cifras se encajan, demasiado a menudo, en una argumentación. Se los utiliza con un propósito y no para presentarlos como tales. Nunca se puede tratar a los hechos y las cifras en forma objetiva si se los presenta como parte de una argumentación.

Por lo tanto, necesitamos urgentemente un "seleccionador" que diga: "Sólo los hechos, por favor, sin los argumentos".

Desafortunadamente, el pensamiento occidental, con sus hábitos argumentativos, prefiere dar primero una conclusión y después presentar hechos para defenderla. En cambio, en el tipo de pensamiento que traza mapas, el que sostengo, primero debemos trazar el mapa y luego elegir la ruta. Esto significa que debemos tener antes que nada los hechos y las cifras.

Así pues, el pensamiento del sombrero blanco es una manera conveniente de pedir que las cifras y los hechos se expongan objetiva y neutralmente.

En cierta ocasión se entabló una gigantesca demanda anti trust contra International Business Machines (IBM) en los Estados Unidos. El caso, finalmente, fue abandonado, quizás porque los Estados Unidos advirtieron que necesitaban la fuerza de IBM para desafiar la competencia electrónica japonesa, altamente organizada. También se sugirió que hubo otra razón para abandonar el caso. IBM proporcionó tantos documentos (alrededor de siete millones, creo) que ningún tribunal pudo encarar semejante volumen. Si el juez muere mientras tramita el caso, éste debe comenzar nuevamente a fojas cero. Como no se nombra a los jueces hasta tanto tienen edad suficiente para que se los pueda suponer relativamente sabios, había muchas probabilidades de que el juez muriera antes de que terminara el caso. Por lo tanto era imposible seguir con la demanda, a menos que se nombrara un juez lo bastante joven para convertir el caso en su carrera completa.
El sentido de contar esto es mostrar que se puede responder una petición de hechos y cifras con tanta información que el solicitante queda abrumado con la cantidad.

—Si quiere los hechos y las cifras (insulto tachado) puede obtenerlos. Todos.

Esta clase de propuesta es comprensible porque cualquier intento de simplificar los hechos se podría considerar una selección de los mismos para defender una posición determinada.

La persona que pide el pensamiento de sombrero blanco, para evitar que se la inunde con información, puede precisar su pedido a fin de extraer la información que necesita.

—Deme su pensamiento general de sombrero blanco respecto del desempleo.

—Ahora deme las cifras de deserción escolar, pero respecto de quienes hace ya seis meses que dejaron la escuela.

La formación de preguntas adecuadamente enfocadas es parte del proceso normal de pedido de información. Los abogados expertos en las contra-preguntas hacen esto todo el tiempo. Idealmente, el testigo debería estar usando el sombrero blanco para pensar y entonces responder las preguntas de ese modo objetivo. La expresión "sombrero blanco" podría ser muy conveniente para jueces y abogados de tribunales.

—Como decía, volvió a su apartamento a las seis y media de la mañana porque había pasado toda la noche jugando.

—Señor González, ¿vio usted realmente al acusado jugando la noche del 30 de junio, o fue él quien le dijo que había estado jugando?

—No, Su Señoría. Pero él sale a jugar casi todas las noches.

—Señor González, ¿qué habría dicho si hubiera estado usando el sombrero blanco para pensar?

—Vi que el acusado volvía a su apartamento a las seis de la mañana del 1 de julio.

—Gracias. Puede retirarse.

Debe decirse que los abogados de un tribunal *siempre* están tratando de manipular la situación. Por lo tanto, formulan sus preguntas para defender su propia argumentación o para atacar la de la parte contraria. Esto es, por cierto, exactamente lo opuesto al pensamiento de sombrero blanco. El rol del juez es bastante curioso.

En el sistema legal holandés no existe jurado. Los tres jueces o asesores tratan de usar sólo pensamiento de sombrero blanco para averiguar los hechos del caso. Su tarea consiste en trazar el "mapa" y luego dictar sentencia. No ocurre lo mismo en Inglaterra o en los Estados Unidos, donde el juez debe proteger las normas relativas a la presentación de prueba y luego responder a las pruebas ofrecidas por los letrados, ya sea en forma directa o por medio de un jurado.

Por lo tanto, cualquier persona que esté formulando preguntas para obtener información necesita asegurarse de que *ella misma o él mismo* está usando el pensamiento blanco. ¿Verdaderamente estás tratando de obtener los hechos o construyes un argumento en favor de una idea que se te está formando en la cabeza?

—El año pasado, en los Estados Unidos, la venta de carne de pavo aumentó un veinticinco por ciento, debido al interés en hacer dieta y a la preocupación por la salud. Se cree que esta carne es más "ligera".

—Señor. Fitzler, le he pedido que se ponga el *sombrero blanco*. El hecho es el aumento del veinticinco por ciento. El resto es interpretación suya.

—No, señor. El estudio de mercado muestra en forma clara que la gente compra carne de pavo porque piensa que tiene menos colesterol.

—Bueno, entonces hay dos hechos. Hecho número uno: el año último las ventas de carne de pavo aumentaron un veinticinco por ciento. Hecho número dos: un estudio de mercado muestra que la gente sostiene que compra carne de pavo porque le preocupa el colesterol.

El sombrero blanco da una especie de dirección hacia la cual dirigirse para tratar la información. Podemos proponernos jugar el papel del sombrero blanco lo mejor posible. Esto significa proponernos obtener los hechos puros. Es evidente que desempeñar el rol de sombrero blanco requiere algo de habilidad, probablemente más que para otros sombreros.

—La tendencia de las mujeres a fumar cigarros es cada vez mayor.

—Esto no es un hecho.

—Sí lo es. Aquí tengo las cifras.

—Lo que muestran las cifras es que cada uno de los últimos tres años la cantidad de mujeres que fuman cigarros ha aumentado por encima del nivel del año anterior.

—¿Eso no es una tendencia?

—Podría ser. Pero es una interpretación. Para mí, una tendencia sugiere algo que está sucediendo y seguirá sucediendo. Las cifras configuran el hecho. Puede ser que las mujeres estén fumando más cigarros porque de cualquier modo estén fumando más, probablemente debido a una mayor ansiedad. O puede ser, simplemente, que durante los tres últimos años los fabricantes de cigarros han gastado una insólita suma de dinero en inducir a las mujeres a fumar cigarros. La primera tendencia podría ofrecer oportunidades. La segunda es mucho menos que una oportunidad.

—He usado la palabra *tendencia* simplemente para referirme a cifras en aumento.

—Este puede ser un buen uso de la palabra *tendencia*, pero hay otro uso que implica un proceso en curso. Por lo tanto, sería mejor utilizar puro pensamiento de sombrero blanco y decir: "Durante los tres últimos años las cifras muestran un aumento de la cantidad de mujeres que fuman". Después podemos hablar sobre lo que esto significa y cuál puede ser la razón.

En este sentido, el pensar de sombrero blanco se convierte en una disciplina que anima al pensador a separar en su mente con toda claridad el hecho de la extrapolación o de la interpretación. Es comprensible que los políticos tengan grandes dificultades con el pensamiento de sombrero blanco.

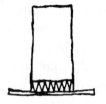

CAPÍTULO 9

PENSAMIENTO DE SOMBRERO BLANCO

¿De qué hecho me habla?

¿Este es un hecho o una probabilidad?

¿Esto es un hecho o una creencia?

¿Hay algún hecho?

Ahora podemos retomar la exposición que hice al principio del libro sobre *El Pensador* de Rodin en aquella plaza de Buenos Aires. Es un hecho que estuve en Buenos Aires. Es un hecho que una guía señaló la estatua de Rodin. Es un hecho que aparentemente manifestó que era un original. Parece ser un hecho que estaba situada en la plaza del palacio legislativo. Los dos últimos puntos están sujetos a la falibilidad de la memoria. Aunque ésta sea perfecta, la guía puede haberse equivocado. Por eso introduje mi comentario con "Creo". Elegí creerle a la memoria y a la guía.

Mucho de lo que pasa por hecho es simplemente un comentario de buena fe o una cuestión de creencia personal del momento. La vida debe continuar. Es imposible verificar todo con el rigor que exige un experimento científico. Por lo tanto, en la práctica establecemos una especie de sistema doble: *hechos creídos* y *hechos verificados*.

Ciertamente, con el pensamiento de sombrero blanco se nos permite exponer hechos creídos, pero debemos aclarar, sin dejar lugar a duda, que se trata de hechos de segunda clase.

—Creo que no me equivoco al decir que la flota mercante rusa transporta una parte significativa del comercio mundial.

—Una vez leí que la razón por la cual la cuenta de gastos de representación de los ejecutivos japoneses es tan extensa, es que entregan toda su remuneración a sus esposas.

—Creo que no me equivoco al afirmar que el nuevo Boeing 757 es mucho más silencioso que los de la generación anterior de aeronaves.

El lector irritado podría señalar que estas frases "ambiguas" virtualmente permiten que alguien diga cualquier cosa y salga con la suya.

—Alguien me dijo una vez que había escuchado decir a un amigo que Churchill admiraba secretamente a Hitler.

Queda abierta la posibilidad de discusión, chismes y rumores. Así es. Sin embargo, efectivamente necesitamos una forma de exponer hechos, cuya certidumbre no nos es totalmente manifiesta.

Lo importante es el *uso* que se va a dar a los hechos. Antes de sobre la base de un hecho o de ponerlo como fundamento de una decisión, necesitamos verificarlo efectivamente. Por lo tanto, determinamos cuáles de los hechos "creídos" podrían ser útiles y después los juzgamos y verificamos. Por ejemplo, si el silencio que se atribuye al Boeing 757 es vital para la instalación de un aeropuerto, ciertamente es necesario que esto pase del estatus de "creído" al de "verificado".

La norma clave del pensamiento de sombrero blanco consiste en no presentar nada a un nivel más alto que el que corresponde realmente. Cuando una afirmación se formula adecuadamente como creencia, entonces se la puede poner en circulación y uso. Y no olvide el doble sistema.

Me permito repetir que el nivel de los hechos creídos es decididamente necesario: lo tentativo, lo hipotético y lo provocador son esenciales para el pensamiento. Proveen los marcos para avanzar sobre los hechos.

Ahora llegamos a un punto bastante difícil. ¿Cuándo se convierte la "creencia" en "opinión"? Puedo "creer" que el Boeing 757 es más silencioso. También puedo "creer" (opinión) que las mujeres fuman más porque actualmente están más presionadas, sujetas a mayor estrés.

Deja que te diga de una vez por todas que tu *propia opinión* nunca es admisible en el pensamiento de sombrero blanco. Destruiría por completo el objetivo de este sombrero. Puedes informar, por supuesto, la opinión de alguna otra persona.

—El profesor Schmidt opina que el ser humano nunca podrá volar impulsado sólo por su propia fuerza.

Advierte cuidadosamente que el nivel de creencia de un hecho simplemente significa algo que *crees que es un hecho*, pero que todavía no se ha verificado por completo.

Quizás prefieras disponer los dos niveles así:

1. Hecho verificado.

2. Hecho no verificado (creencia).

Al cabo, lo que importa es la actitud. Cuando lleva el sombrero blanco, el pensador propone enunciados que son "ingredientes" neutrales. Los pone sobre la mesa. No cabe utilizarlos para apoyar un determinado punto de vista. Tan pronto parezca que se está usando un enunciado con ese propósito, el enunciado es sospechoso: se está abusando del rol del sombrero blanco.

A su debido tiempo, el rol del sombrero blanco se convierte en segunda naturaleza. El pensador ya no trata de deslizar afirmaciones para ganar discusiones. Se desarrolla la objetividad neutral de un observador científico o de un explorador que anota con detenimiento la diferente fauna y flora sin intención alguna de darles otro uso. La tarea del cartógrafo es trazar un mapa.

El pensador de sombrero blanco despliega los "especímenes" sobre la mesa, como un colegial que sacara de sus bolsillos algunas monedas, chicle y una rana.

CAPÍTULO 10

PENSAMIENTO DE SOMBRERO BLANCO

Información de estilo japonés

Discusión, argumentación y consenso.

Si nadie propone una idea, ¿de dónde vienen éstas?

Primero trace el mapa.

Los japoneses nunca adquirieron la costumbre occidental de la discusión. Puede que el disenso fuera demasiado descortés o arriesgado en una sociedad feudal. Puede que el respeto mutuo y el salvar las "apariencias" sean demasiado importantes para permitirse el ataque a un argumento. Puede que la cultura japonesa no esté basada en el ego como la cultura occidental: la discusión suele apoyarse con fuerza en el ego. La explicación más probable es la siguiente: la cultura japonesa no recibió la influencia de los modismos que utilizaban los griegos para pensar y que los monjes medievales refinaron y desarrollaron como un medio para probar que los herejes estaban equivocados. A nosotros nos parece extraño que no discutan. A ellos les parece extraño que a nosotros nos guste tanto discutir.

En una reunión de estilo occidental, los participantes tienen ya sus puntos de vista, y, en muchos casos, la conclusión que quieren que los demás acepten. La reunión consiste, por tanto, en discutir los diferentes puntos de vista para ver cuál sobrevive a las críticas y cuál obtiene más adhesiones.

Las ideas iniciales sufren modificaciones y mejoras. Pero todo tiende a ser cuestión de "esculpir mármol"; es decir, comenzar con un gran bloque e ir esculpiéndolo hasta obtener el producto final.

Resulta difícil que los occidentales comprendan que los participantes japoneses se reúnen sin ideas preconcebidas. El propósito de la reunión es *escuchar*. ¿Por qué no hay entonces un silencio total e improductivo? Porque cada participante, cuando le corresponde, se pone el sombrero blanco y entrega un fragmento de información neutral.

El mapa se va completando en forma gradual. Se vuelve más rico para pensar y detallado. Una vez terminado, la ruta es obvia para todos. No estoy sugiriendo que este proceso suceda y se complete en sólo una reunión. Puede durar semanas y meses, incluir muchas reuniones.

Lo importante es que nadie propone una idea preconcebida. La información se ofrece con el sombrero blanco. Esta información se organiza poco a poco en una idea. Los participantes observan cómo va ocurriendo esto.

La noción occidental es que las ideas se cincelan a golpe de argumentos.

La noción japonesa es que las ideas surgen como semillas y pequeños brotes a los cuales después se nutre y se permite que crezcan y tomen forma.

La anterior es una versión algo idealizada del contraste entre la discusión occidental y la manera japonesa de presentar información. Mi intención aquí es la de mostrar el contraste, no la de seguir a los que creen que todo lo japonés es maravilloso y debería imitarse.

No podemos cambiar las culturas. Por eso necesitamos un *mecanismo* que nos permita soslayar nuestra costumbre de discutir. El rol del sombrero blanco hace justamente esto. Cuando todos lo utilizan durante una reunión, el rol del sombrero blanco puede implicar: "Actuemos como si fuéramos japoneses en una reunión japonesa".

Para hacer de un modo práctico esta clase de cambios, necesitamos recursos artificiales y modismos o expresiones como el sombrero blanco para pensar. La exhortación y la explicación tienen poco valor práctico.

(No quiero explicar aquí por qué los japoneses no son más inventivos. La invención puede requerir una cultura basada en el ego, con individuos encarnizados capaces de insistir en una idea que parece insensata a todo el mundo. Podemos conseguirla de un modo más práctico con las deliberadas provocaciones del pensamiento lateral, del que hablo en otra parte y también en la sección correspondiente al pensamiento de sombrero verde.)

CAPÍTULO 11

PENSAMIENTO DE SOMBRERO BLANCO

Hechos, verdades y filósofos

¿Cuán verdadero es un hecho?

¿Qué valor tienen los juegos de palabras de la filosofía?

Verdades absolutas y "en general".

La verdad no está tan íntimamente relacionada con los hechos como la mayoría de la gente parece imaginar. La verdad está relacionada con un sistema de juego de palabras conocido como filosofía. Los hechos, con la experiencia verificable. Las personas de mente práctica a quienes estos asuntos no preocupan mucho pueden pasar por alto este capítulo.

Si todos los cisnes que hemos visto son blancos, ¿podemos afirmar audazmente que "todos los cisnes son blancos"? Podemos y lo hacemos. Esta afirmación, de momento, es una síntesis verdadera de nuestra experiencia. En este sentido, es también un hecho.

El primer cisne negro que vemos convierte la afirmación en falsa. Por lo tanto, hemos cambiado de verdadero a falso con notable brusquedad. Sin embargo, si observamos los hechos, todavía hay cien experiencias de cisnes blancos contra una de cisne negro. Entonces, basándonos en hechos experimentados, podemos decir: "la mayoría de los cisnes son blancos"; "en general los cisnes son blancos"; "un poco más del noventa y nueve por ciento de los cisnes son blancos".

Este "en general" es enormemente práctico (en general a los niños les gustan los helados; en general las mujeres usan cosméticos), pero totalmente inútil para los lógicos. Este "todos" es fundamental en la afirmación "*todos* los cisnes son blancos", ya que la lógica debe moverse de una verdad absoluta a otra: "Si esto es verdad... entonces esto...".

Cuando nos cruzamos con el primer cisne negro, la afirmación "todos los cisnes son blancos" se convierte en falsa. A menos que llamemos de algún otro modo al cisne negro. Ahora este asunto se vuelve de palabras y definiciones. Si decidimos mantener la blancura como una parte esencial de la definición del cisne, entonces el cisne negro es otra cosa. Si la excluimos como parte esencial de la definición, podemos incluir el cisne negro y fundar la definición del cisne negro en otras características. El diseño y la manipulación de tales definiciones constituye la esencia de la filosofía.

El pensamiento de sombrero blanco se ocupa de la información utilizable. Por lo tanto la expresión "en general" es perfectamente aceptable. El propósito de la estadística es dar un carácter específico a esta expresión imprecisa. No siempre es posible reunir tales estadísticas, por lo tanto a menudo debemos recurrir al doble sistema (creencia, hecho verificado).

—En general, las corporaciones que hacen gastos en base a la extrapolación de ventas futuras tropiezan con problemas. (Es posible señalar unas pocas compañías que hicieron esto y tuvieron éxito.)

—Las ventas tenderán a subir si bajan los precios. (Cuando suben los precios internos, realmente puede haber un aumento de ventas debido a razones especulativas, miedo a la inflación, a quedar atrás.)

—Si trabajas duro, tendrás éxito en la vida. (Mucha gente muy trabajadora no tiene éxito precisamente.)

Existe una variedad de probabilidades que podría expresarse de la siguiente manera:

- siempre verdadero
- comúnmente verdadero
- generalmente verdadero
- en general
- más de la mitad de las veces
- más o menos la mitad de las veces
- a menudo
- a veces verdadero
- ocasionalmente verdadero
- se sabe que sucedió
- nunca verdadero
- no puede ser verdadero (contradictorio).

¿Hasta qué punto, dentro de esta variedad, se puede llegar con el rol del sombrero blanco? Igual que antes, la respuesta a esta pregunta depende del marco de la información. Por ejemplo, puede ser útil saber cosas que ocurren sólo muy ocasionalmente.

—El sarampión suele ser inofensivo, pero *a veces* puede continuar con efectos secundarios, como infecciones en el oído.

—En *muy raros casos* puede darse una encefalitis después de la vacunación.

—Se *sabe* que cuando los perros de esta raza se enojan, muerden a los niños.

Obviamente, es valioso conocer esta clase de información. También hay un dilema. En el segundo ejemplo, la conciencia de la gente sobre el peligro de encefalitis que sigue a la vacunación puede ser miles de veces mayor que el peligro estadístico real. Por esto puede ser importante que se den cifras reales, que evitan informaciones erróneas.

¿El pensamiento de sombrero blanco tolera el uso de anécdotas?

—Hubo un hombre que cayó de un aeroplano, sin paracaídas, y sobrevivió.

—Se dice que Ford diseñó el modelo Edsel sobre la base de un estudio de mercado, y fue un desastre total.

Estas, en efecto, pueden ser afirmaciones de hechos, y como tales el pensador de sombrero blanco tiene derecho a presentarlas. Se las debe enmarcar como "anécdotas" o "ejemplos".

—Los diseños que se fundan en estudios de mercado pueden fallar a menudo. Considere, por ejemplo, el automóvil Edsel, diseño del cual se dice que se basó en un estudio de mercado. Fue un fracaso total.

La afirmación anterior no es legítimo pensamiento de sombrero blanco, a menos que haya mucho más respaldo para sostener que fracasan los diseños basados en estudios de mercado. Los gatos pueden caerse de los techos, pero éste no es un comportamiento normal.

Las excepciones se destacan simplemente porque son excepcionales. Prestamos atención a los cisnes negros porque generalmente son una pequeña minoría. Prestamos atención al hombre que sobrevive sin paracaídas porque se trata, en cierta forma, de algo insólito. Al Edsel se lo nombra siempre por la misma razón.

El propósito del pensamiento de sombrero blanco es ser práctico. Por eso debemos ser capaces de presentar toda clase de información. La clave consiste en enmarcarla adecuadamente.

—Todos los expertos predicen que la tasa de interés caerá a fines de año.

—Hablé con cuatro expertos y cada uno predijo que la tasa de interés caerá a fin de año.

—Hablé con el señor Flint, el señor Ziegler, la señorita Cagliatto y el señor Suárez y todos predijeron que la tasa de interés caerá a fin de año.

Aquí hay tres niveles de precisión. Incluso el tercero puede no ser lo suficientemente bueno. Es posible que yo quiera saber *cuándo* habló usted con estos expertos.

No hay nada absoluto en el pensamiento de sombrero blanco. Es una dirección en la cual nos esforzamos por mejorar.

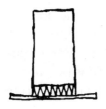

CAPÍTULO 12

PENSAMIENTO DE SOMBRERO BLANCO

¿Quién se pone el sombrero?

Póngase su propio sombrero.

Pídale a alguien que se ponga el sombrero.

Pídales a todos que se pongan el sombrero.

Elija responder con el sombrero puesto.

Las afirmaciones anteriores cubren la mayoría de las situaciones. Esto significa que puedes preguntar, ser interrogado o elegir.

—¿Qué anduvo mal en nuestra campaña de ventas?

—Para contestar esto voy a ponerme el sombrero blanco. Llegamos al treinta y cuatro por ciento de los minoristas. De éstos, sólo el sesenta por ciento pidió el producto. De los que lo compraron, el cuarenta por ciento compró dos artículos para probarlos. El setenta por ciento de la personas consultadas declaró que el precio era demasiado alto. Dos productos, que compiten con el nuestro, están en venta a menor precio.

—Ahora exponga su pensamiento de sombrero rojo.

—Tenemos un producto inferior, con un precio excesivo. Tenemos una mala imagen en el mercado. La publicidad de la competencia es mejor y más abundante. No atraemos a la mejor gente de venta.

Los aspectos tipo "sensación" del pensamiento de sombrero rojo pueden ser más importantes en este caso. Pero no se puede presentar estos aspectos tipo "sensación" con el sombrero blanco, a menos que se los informe como parte de lo que han dicho clientes potenciales.

—Empecemos por ponernos, todos, los sombreros blancos y digamos lo que sabemos sobre delincuencia juvenil. ¿Cuáles son las cifras? ¿Dónde están los informes? ¿Quién puede ofrecer pruebas?

—Dice usted que va a pedir ordenadores "Prime". ¿Podría darme sus ideas de sombrero blanco al respecto?

—No quiero suposiciones sobre lo que podría pasar si bajáramos el precio del pasaje trasatlántico a U$S 250. Quiero su pensamiento de sombrero blanco.

Queda claro que el pensamiento de sombrero blanco excluye elementos valiosos como presentimientos, intuiciones, juicios basados en la experiencia, sentimientos, impresiones y opiniones. Éste es, por cierto, el propósito de ponerse el sombrero blanco: disponer de un modo de solicitar solamente información.

—Me pide usted mis ideas de sombrero blanco sobre la razón por la que estoy cambiando de trabajo. El sueldo no es mejor. Las remuneraciones adicionales tampoco. La distancia de casa no es diferente. Las perspectivas profesionales son las mismas. El tipo de trabajo es idéntico. Es todo lo que puedo decir con el sombrero blanco.

CAPÍTULO 13

RESUMEN DEL PENSAMIENTO DE SOMBRERO BLANCO

IMAGINE UN ORDENADOR QUE DA LOS HECHOS y las cifras que se le piden. Es neutral y objetivo. No hace interpretaciones ni da opiniones. Cuando usa el sombrero blanco, el pensador debería imitar al ordenador.

La persona que pide información debe enmarcar y precisar las preguntas a fin de obtener información o para completar vacíos de la información existente.

En la práctica existe un sistema doble de información. El primer nivel contiene hechos verificados y probados, hechos de primera clase. El segundo, hechos que se cree que son verdaderos, pero que todavía no han sido totalmente verificados, hechos de segunda clase.

La credibilidad varía desde "siempre verdadero" hasta "nunca verdadero". En el medio hay niveles utilizables, tales como "en general", "a veces", y "en forma ocasional". Se puede presentar esta clase de información con el sombrero blanco siempre que se use el "marco" apropiado para indicar su grado de probabilidad.

El pensamiento de sombrero blanco es una disciplina y una dirección. El pensador se esfuerza por ser más neutral y más objetivo al presentar la información. Te pueden pedir que te pongas el sombrero blanco o puedes pedirle a otro que lo haga. Se puede optar por usarlo o por quitárselo.

El blanco (ausencia de color) indica neutralidad.

CAPÍTULO 14

EL SOMBRERO ROJO

Emociones y sentimientos

Lo opuesto a la información neutral, objetiva.

Presentimientos, intuiciones, impresiones.

No necesita justificación.

No necesita dar razones o fundamentos.

El pensamiento de sombrero rojo se refiere a emociones, sentimientos y aspectos no racionales del pensar. El sombrero rojo ofrece un canal definido y formal para expresar abiertamente estos elementos como parte legítima del mapa en su conjunto.

Si bien las emociones y los sentimientos no son tolerables en el proceso del pensar, acechan atrás y afectan sigilosamente el pensamiento. Las emociones, sentimientos, presentimientos e intuiciones son fuertes y reales. El sombrero rojo lo reconoce y acepta.

El pensamiento de sombrero rojo es casi exactamente el opuesto al de sombrero blanco, que es neutral, objetivo y exento de aroma emocional.

—No me pregunte por qué. Simplemente no me gusta este asunto. Huele mal.

—No me gusta y no quiero hacer negocios con él. Eso es todo.

—Tengo el presentimiento de que este terrenito detrás de la iglesia va a valer mucho dentro de pocos años.

—Ese diseño es horrible. Nunca será popular. Es un verdadero despilfarro.

—Tengo cierta debilidad por Henry. Sé que es un estafador y ciertamente nos estafó a nosotros. Pero lo hizo con estilo. Me gusta.

—Estoy seguro de que este trato no va a resultar nunca. Está destinado a terminar en un pleito costoso.

—Intuyo que es una situación sin salida. Estamos condenados tanto si lo hacemos como si no lo hacemos. Quitémonos esto de encima.

—No creo que sea justo retener esta información hasta después de que se firme el trato.

Cualquier pensador que quiera expresar sentimientos de esta clase debería ponerse el sombrero rojo. Este sombrero autoriza formalmente a expresar sentimientos que van desde la pura emoción hasta el presentimiento. Con el pensamiento de sombrero rojo *nunca* hace falta justificar o explicar lo que se siente. Con este sombrero puedes desempeñar el rol de pensador emocional que en primer lugar reacciona y siente antes que proceder racionalmente paso a paso.

CAPÍTULO 15

PENSAMIENTO DE SOMBRERO ROJO

El lugar de las emociones en el pensamiento

¿Las emociones confunden el pensamiento o son parte de éste?

¿En qué momento intervienen las emociones?

¿Las personas emocionales pueden ser buenos pensadores?

El punto de vista tradicional sostiene que las emociones confunden el pensamiento. Se supone que el buen pensador debe ser frío y distanciado, y no dejarse influir por emociones. Se supone que el buen pensador es objetivo y considera los hechos por sí mismos y no por la importancia que puedan tener para sus necesidades emocionales. Incluso se sostiene, de vez en cuando, que las mujeres son demasiado emocionales para ser buenas pensadoras. Se dice que las mujeres carecen del distanciamiento necesario para tomar buenas decisiones.

Sin embargo, toda decisión correcta debe ser emocional en última instancia. Subrayo la expresión *en última instancia.* Cuando hemos usado el pensamiento para trazar el mapa, son valores y emociones los que determinan la ruta que elegimos. Volveré sobre este tema más adelante.

Las emociones dan relevancia a nuestro pensamiento y lo acomodan a nuestras necesidades y al contexto del momento. Son una parte necesaria del funcionamiento del cerebro, no una intrusión ni una reliquia de los tiempos de la supervivencia animal.

Hay tres instancias en que la emoción puede afectar al pensamiento.

Puede haber un fuerte trasfondo de emociones tales como miedo, ira, odio, sospecha, celos o amor. Este trasfondo pone límites y colorea toda percepción. El propósito del pensamiento de sombrero rojo es hacer visible este trasfondo para que se pueda observar su consiguiente influencia. Esta emoción de fondo puede dominar todo el pensamiento. El trasfondo emocional puede estar ligado a una persona o a una situación o puede estar allí por otras razones.

En la segunda instancia, la percepción inicial es la que dispara la emoción. Percibes que alguien te ha insultado y a partir de entonces todo tu pensamiento sobre esa persona se marca con ese sentimiento. Percibes (quizás en forma errónea) que alguien te habla interesadamente y a partir de entonces desestimas todo lo que esa persona dice. Percibes que algo es propaganda y de allí en más descrees de todo al respecto. Somos muy rápidos para hacer estos juicios sumarios y quedar aprisionados por las emociones que desatan. El pensamiento de sombrero rojo nos da una oportunidad para sacar esos sentimientos, tan pronto como surgen, directamente a la superficie.

—Si tuviera que ponerme el sombrero rojo, diría que su propuesta sólo parece favorecer sus propios intereses y no tanto los de la sociedad.

—El sombrero rojo me dice que usted se va a oponer a la fusión para conservar su trabajo y no tanto para beneficiar a los accionistas.

La tercera instancia en que pueden intervenir las emociones se da después de que se ha trazado un mapa de la situación. Este mapa debería también incluir las emociones que hizo patentes el pensamiento de sombrero rojo. Las emociones –que incluyen una buena dosis de auto-interés– se incorporan entonces para elegir la ruta en el mapa. Toda decisión se apoya en una base de valores. Ante los valores reaccionamos emocionalmente. Nuestra reacción ante el valor libertad (especialmente si nos han privado de ella) es emocional.

—Ahora que el cuadro de la situación es el más claro posible, pongámonos los sombreros rojos y elijamos emocionalmente nuestro curso de acción.

—De las dos opciones –continuar con la huelga o negociar– prefiero la primera. No creo que sea momento de negociar. Ninguna de las partes ha sido perjudicada lo suficiente para querer renunciar a algo.

Para los que consideran valioso expresar las emociones que incluyen pensar sobre un tema determinado, el sombrero rojo ofrece un medio útil de legitimar esas emociones a fin de que puedan ocupar su lugar en el mapa final.

¿Pero podría alguna vez el sombrero rojo hacer salir las emociones que deben permanecer ocultas?

—Me opongo a su nombramiento porque estoy celoso de él y de su rápido ascenso al poder.

¿Alguien revelaría realmente esos celos? Probablemente no. Pero el sombrero rojo permite una coartada.

—Me voy a poner el sombrero rojo y entonces voy a decir que siento que la oposición a la promoción de Ana puede estar basada parcialmente en celos.

O bien:

—Voy a escudarme en mi sombrero rojo y decir que me opongo a la promoción de Ana. Es sólo un sentimiento que tengo.

También debería recordarse que un pensador, en la privacidad de su propia mente, puede decidir ponerse el sombrero rojo. Esto le permite traer de manera legítima sus emociones a la superficie.

—Aquí podría haber un elemento de miedo. Miedo de la confusión que implica cambiar de trabajo.

—Sí, estoy muy molesto. Y en este instante sólo quiero vengarme. No me gusta que me engañen.

—Debo admitir que no estoy contento con este trabajo.

El pensamiento de sombrero rojo alienta esta búsqueda: "¿Qué emociones están en juego en este caso?"

PENSAMIENTO DE SOMBRERO ROJO

Intuición y presentimientos

¿Cuán válidas son las intuiciones?

¿Cuán valiosas son?

¿Cómo se debe usar las intuiciones?

Se usa la palabra *intuición* en dos sentidos. Ambos son correctos. Pero desde el punto de vista de función cerebral son completamente distintos. Se puede usar la intuición en el sentido de discernimiento súbito. Esto significa que, de súbito, algo que se percibía de una manera se percibe de otra. De esto puede resultar un rasgo creador, un descubrimiento científico o un salto matemático.

—Deje de prestar atención al ganador y diríjala a todos los perdedores. Pronto observará que de 131 competidores individuales en 130 enfrentamientos quedan 130 perdedores.

El otro uso de la palabra *intuición* se refiere a la aprehensión inmediata o entendimiento de una situación. Resulta de un juicio complejo basado en la experiencia, un juicio que probablemente no se pueda precisar ni expresar con palabras. Cuando uno reconoce a un amigo lo hace de inmediato; realiza un juicio complejo, basado en muchos factores.

—Mi intuición me dice que este tranvía no se va a vender.

Esa intuición puede basarse en conocimiento del mercado, experiencia con productos similares y comprensión de las decisiones de compra dentro de ese rango de precios.

A este tipo de intuición que implica un "complejo" quiero referirme aquí.

La intuición, el presentimiento y la sensación son parientes muy cercanos. Un presentimiento es una hipótesis basada en la intuición. La sensación puede variar desde una especie de sentimiento estético (casi una cuestión de gusto) hasta un juicio preciso.

—Tengo la sensación de que va a retroceder cuando llegue el momento decisivo.

—Tengo la fuerte sensación de que este pasaje de autobús y esa bicicleta son las claves esenciales de este asesinato.

—Tengo la sensación de que ésta no es la teoría correcta. Es demasiado compleja y confusa.

Los científicos, empresarios y generales exitosos parecen tener todos esta capacidad de "sentir" las situaciones. De un empresario decimos que él o ella "huele dinero". Esto sugiere que las ganancias no son lo suficientemente obvias como para que cualquiera pueda distinguirlas, pero que el empresario, que tiene un sentido especialmente desarrollado para percibir dinero, sí que puede detectarlas.

La intuición no es infalible. En el juego, la intuición es notoriamente engañosa. Si en la ruleta sale el rojo ocho veces seguidas, la intuición sugiere firmemente que en la próxima jugada saldrá el negro. Sin embargo, las posibilidades son exactamente las mismas. La mesa no tiene memoria.

¿Qué trato les damos, por tanto, a la intuición y al sentimiento?

Antes que nada, les concedemos legitimidad con el pensamiento de sombrero rojo. El sombrero rojo nos permite preguntar por los sentimientos y también expresarlos como una parte adecuada del pensamiento. Quizás las emociones y la intuición debieran tener otros sombreros, pero esto solamente complicaría las cosas. Creo que es posible tratarlos juntos, como "sentimientos", aunque sean de naturaleza diferente.

Podemos tratar de analizar las razones que hay detrás de un juicio intuitivo, pero es improbable que lo logremos enteramente. Si no podemos captar las razones, ¿debemos confiar en el juicio?

Sería difícil hacer una inversión importante sobre la base de un presentimiento. Es mejor tratar la intuición como parte del mapa.

Se puede tratar la intuición como se trata a un consejero. Si el consejero fue confiable en el pasado, es probable que prestemos más atención al consejo que nos da. Si la intuición ha sido correcta en muchas ocasiones, podemos estar más dispuestos a escucharla.

—Todas las razones desaconsejan bajar el precio, pero mi intuición me dice que es el único modo de recuperar participación en el mercado.

Un hombre acaudalado, con experiencia, desarrolla un sentido de la oportunidad. La experiencia acumulada se expresa como una intuición que le dice qué negocios hacer y cuáles dejar de lado. Esta intuición puede ser muy valiosa cuando se la aplica a los bienes porque deriva de la experiencia, pero aplicada al resultado de una elección presidencial puede no serlo tanto.

También se puede manejar la intuición según el "ganar algo, perder algo". La intuición puede no ser siempre correcta, pero si fue más veces acertada que errónea, el resultado total será positivo.

Sería peligroso atribuir a la intuición la infalibilidad de un oráculo místico. Sin embargo, la intuición es parte del pensamiento. Está ahí. Es real. Y puede contribuir.

—¿Podría hacer el favor de expresar con el sombrero rojo su intuición respecto de esta fusión?

—Mi sensación de sombrero rojo es que los precios de la propiedad inmobiliaria van a subir desmesuradamente y muy pronto.

—¿Quiere darme un sombrero rojo sobre esta nueva campaña publicitaria?

—Mi sombrero rojo me dice que no van a aceptar esta oferta.

¿Cuál es el punto de encuentro de intuición y opinión? Hemos visto que el pensamiento de sombrero blanco no permite expresar opiniones (aunque puede permitir el informe de la opinión de otros). Esto es así porque la opinión se basa en el juicio, la interpretación y la intuición. El equilibrio puede estar del lado del juicio sobre hechos conocidos o del lado de sensaciones fundadas en factores desconocidos. Se puede expresar opiniones con el sombrero rojo, con el negro o con el amarillo. Cuando se usa el rojo, es mejor expresar la opinión como un sentimiento (o "sensación de que").

—Tengo la sensación de que el responsable de gran parte de la delincuencia juvenil es el aburrimiento.

—Tengo la sensación de que a los cines les faltan algunas producciones espectaculares promovidas en gran escala.

CAPÍTULO 17

PENSAMIENTO DE SOMBRERO ROJO

Momento a momento

Reaccionar y alterarse.

Esto es lo que siento sobre esta reunión.

Mostrar u ocultar los sentimientos.

Podemos mostrar los sentimientos de sombrero rojo en cualquier momento durante el transcurso de una reunión, discusión o conversación. Los sentimientos pueden dirigirse al manejo mismo de la reunión, no sólo al tema que se está tratando.

—Voy a ponerme el sombrero rojo y decirles a todos ustedes que no me gusta la forma en que se está manejando esta reunión.

—Quiero hacer una afirmación de sombrero rojo. Siento que nos están forzando a llegar a un acuerdo que no queremos.

—Señor. Hooper, según mi punto de vista de sombrero rojo, usted nunca escucha a nadie.

—He dicho lo que quería decir y ahora me voy a quitar el sombrero rojo.

En medio del flujo natural de emociones que ocurre en cualquier reunión, la convención del sombrero rojo podría parecer artificial e innecesaria. ¿Realmente hace falta "ponerse" el sombrero rojo para enfadarse? ¿Acaso no se pueden expresar las emociones por medio de la mirada y del tono de voz?

Precisamente es esta *artificialidad* lo que da verdadero valor al sombrero rojo. Normalmente, las emociones necesitan cierto tiempo para surgir y aún más tiempo para desaparecer. Hay resentimiento y agravio. Se ofende y se es ofendido. En cierto modo, el sombrero rojo permite que alguien conecte y desconecte el modo emocional en pocos instantes. Te pones el sombrero rojo y te lo quitas. Los puntos de vista que se expresan con el sombrero rojo son menos personales que los que se expresan sin él, ya que se lo reconoce como un sistema formal.

La misma necesidad de "ponerse" el sombrero rojo reduce la cantidad de agresiones. A nadie le puede molestar ponerse el sombrero rojo cada vez que cree que ha habido cierta violencia. Y después que se ha adoptado regularmente la expresión "sombrero rojo", parece grosero manifestar puntos de vista emocionales sin recurrir a la formalidad del sombrero rojo.

Dado que el sombrero rojo encauza con precisión los sentimientos y la emoción, éstos ya no necesitan entrometerse a cada instante. Cualquiera que sienta la necesidad de expresar sus emociones tiene un modo preciso para hacerlo.

Ya no hace falta tratar de adivinar los sentimientos de los demás. Hay una manera de preguntarles directamente.

—Quiero que se ponga el sombrero rojo y me diga lo que piensa de mi propuesta.

—Sospecho que no le soy simpático. Quiero una respuesta de sombrero rojo.

A los enamorados les gusta que su pareja les diga que los ama, aunque no lo duden.

—Poniéndome en el nivel del sombrero rojo, quiero decir que estoy muy complacido por la forma como se está desarrollando esta conferencia. ¿Es ésta la opinión general?

—Tengo la sensación de que todos queremos concluir este acuerdo y firmarlo. Señor Morrison, ¿podría expresarme su punto de vista con el sombrero rojo?

El sombrero rojo no se debe exagerar ni se lo debe usar en exceso a riesgo de llevarlo a extremos absurdos. Es totalmente innecesario adoptar formalmente este modo de decir cada vez que se expresa un sentimiento. Se lo debe usar cuando se expresa o se pide la expresión de un sentimiento de manera formal y definida.

—Si vuelve a hacer otra afirmación de sombrero rojo, le voy a arrojar lejos el sombrero.

—¿No puede hacer una afirmación general de sombrero rojo? Una sola y basta. ¿Qué le parece este asunto?

—Sólo quiero una oportunidad para hacer una afirmación de sombrero rojo. Después me lo voy a quitar y no volveré a usarlo.

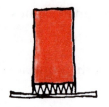

CAPÍTULO 18

PENSAMIENTO DE SOMBRERO ROJO

El uso de las emociones

¿Puede el pensamiento cambiar las emociones?

El trasfondo emocional.

Las emociones como posiciones para negociar.

Emociones, valores y opciones.

Una vez que las emociones se han hecho visibles por medio del sombrero rojo, se puede intentar investigarlas e incluso cambiarlas. Esto ya no forma parte del trabajo con el sombrero rojo.

El pensamiento puede alterar las emociones. La parte lógica del pensamiento no las altera; lo hace la parte perceptiva. Si vemos algo de un modo distinto que antes, esta percepción modificada puede alterar nuestras emociones.

—No lo mires como una derrota. Míralo como una manera eficaz de descubrir las debilidades y potencias de su tenis.

—¿Sería aceptable esta oferta si proviniera de usted?

—Acéptalo como una experiencia esencial de aprendizaje, no como un error de juicio. Aprender resulta siempre caro. No tendremos que pasar nuevamente por lo mismo.

No siempre es posible proporcionar percepciones que puedan alterar o hacer desaparecer las emociones. Pero siempre vale la pena intentarlo.

Las emociones expresadas pueden fijar el trasfondo del pensamiento o de la discusión. Hay una conciencia permanente de este trasfondo de emociones. Contra este trasfondo se toman decisiones y se adoptan planes. De vez en cuando es útil imaginar un trasfondo emocional distinto y ver cuán diferentes serían las cosas.

—Todos sabemos que se está negociando con un trasfondo de extrema suspicacia. Tratemos de imaginar cuál sería nuestro pensamiento si cada parte confiara verdaderamente en la otra.

—Existe la sensación de que lo que decidamos aquí no tendrá demasiada importancia. Los acontecimientos nos están superando. Imaginemos que esto no es así y que tenemos el control efectivo de las cosas.

—Tenemos que ser conscientes de este trasfondo de enojo. No podemos ignorarlo.

Como lo indiqué anteriormente, las emociones y los sentimientos forman parte de la coloración del mapa. Gracias a la convención del sombrero rojo podemos llegar a conocer las "regiones" que están muy teñidas emocionalmente. Entonces, cuando diseñemos las soluciones de las disputas, podremos mantenernos lejos de esas áreas.

—La restricción propuesta a su trabajo en las sociedades competidoras es obviamente un punto delicado. Por el momento nos mantendremos apartados del tema.

—Los dirigentes sindicales nunca van a aceptar nada que parezca reducción de salarios. Esto ya se ha dicho con suficiente fuerza.

Las emociones se suelen usar para mejorar posiciones en una negociación. No me refiero a resentimientos, amenazas, chantaje o llamados a la compasión. Me refiero al valor emocional que se atribuye a ciertos asuntos. El principio del valor variable está en la base de la negociación. Algo tiene un valor para una parte y otro valor diferente para la otra. Se puede expresar estos valores en forma directa gracias al pensamiento de sombrero rojo.

—La capacidad que tengamos para manejar los límites que nos imponen los sindicatos es muy importante para nuestra productividad.

—Debemos insistir en que se siga el adecuado procedimiento disciplinario. No estamos diciendo que González sea inocente, sino que se debe seguir el procedimiento establecido.

Hay consenso sobre que la finalidad última de todo pensamiento debe ser la satisfacción del pensador. Por lo tanto, a la larga, la finalidad del pensamiento es satisfacer las emociones expresadas.

La dificultad surge en tres aspectos. ¿La línea de acción propuesta satisface verdaderamente los deseos expresados?

—No creo que bajar los precios aumente en realidad las ventas.

La segunda dificultad surge cuando la satisfacción de los deseos de una parte se da a costa de los de la otra.

—Podemos aumentar las horas extra o tomar más personal. La primera opción beneficiaría a los que están trabajando. La segunda, a algunos de los que están sin trabajo.

La tercera fuente de dificultad es el conflicto entre la satisfacción a corto y a largo plazo. Un principio básico del cristianismo lo dice con gran claridad: ¿En qué se beneficia el hombre si gana el mundo entero pero pierde su alma?

—Podemos aumentar las tarifas de publicidad y obtener más ingresos en forma inmediata. Pero, a la larga, empujaremos a los avisadores a otros medios.

—Si bajamos los precios para atraer clientes de otras aerolíneas, podemos obtener una ventaja temporal. Después equipararán los precios y nosotros volveremos a perder esos clientes. Pero continuará la disminuida rentabilidad.

—Me encantaría comerme este plato de patatas fritas francesas, pero no me van a beneficiar en el peso.

—Quiero que me consideren dispuesto a respaldar empresas de nueva tecnología, pero sé que lo que quieren los inversores es un crecimiento estable.

Las emociones forman parte del método de pensar y también del asunto que se piensa. Es inútil esperar que desaparezcan y dejen el campo libre al puro pensamiento.

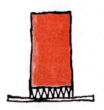

CAPÍTULO 19

PENSAMIENTO DE SOMBRERO ROJO

El lenguaje de las emociones

Las emociones no tienen que ser lógicas ni coherentes.

Las emociones pueden armonizarse con el lenguaje.

Resista la tentación de justificar las emociones.

Lo que más cuesta con el sombrero rojo para pensar es resistir la tentación de justificar una emoción ya expresada. Esa justificación puede ser verdadera o falsa. En ambos casos, el pensamiento de sombrero rojo la vuelve innecesaria.

—No importa por qué desconfías de él. Desconfías.

—Te gusta la idea de poner una oficina en Nueva York. No es necesario ir a los detalles de la razón por la que te gusta la idea. Eso podría venir más adelante, cuando nos acerquemos a una decisión al respecto.

Se nos educa para disculparnos por las emociones y los sentimientos, porque no son la urdimbre del pensamiento lógico. Por eso tendemos a tratarlos como una prolongación de la lógica. Si alguien no nos gusta, debe ser por una buena razón. Si nos gusta un proyecto, debe basarse en la lógica. El sombrero rojo nos libera de tales obligaciones.

¿Esto significa que tenemos la libertad de tener y sostener cualquier prejuicio? ¿Esto no implica un peligro enorme? Por el contrario. Pueden ser más peligrosos los prejuicios fundamentados aparentemente en la lógica que aquellos reconocidos como emociones.

No me opongo a la exploración de las emociones ni a tratar de encontrar sus fundamentos. Pero esto no forma parte del idioma del sombrero rojo.

Las emociones son discontinuas y a menudo incoherentes. Un cuestionario preguntaba a los norteamericanos si estaban a favor de intervenir en América Central. La mayoría se manifestó favorable. Sin embargo, hubo una mayoría que se opuso a cada uno de los métodos de intervención sugeridos. Es posible favorecer la intervención, en abstracto, pero oponerse cuando se traslada lo abstracto a términos concretos. Esto puede no tener sentido según la lógica, pero sí lo tiene en el mundo de las emociones.

La convención del sombrero rojo no es una manera de anunciar las emociones, aunque algunas personas pueden tentarse a utilizarla de este modo. Se parece mucho más a un espejo que refleja toda la complejidad de las emociones.

Se dice que los Inuit (esquimales) tienen veinte palabras para decir nieve. Hay culturas que tienen la misma cantidad de palabras para los diferentes matices del amor. El español, igual que muchas otras lenguas europeas, carece de una amplia variedad de palabras que indiquen emociones.

Existe gustar/no gustar, amar/odiar, complacido/no complacido, feliz/infeliz. Por ejemplo, podríamos usar una palabra para indicar "indeciso" con un matiz positivo y otra para indeciso con un matiz negativo. La palabra *sospechoso* es excesivamente negativa.

Ya que el pensamiento de sombrero rojo nos permite ser valientes y abiertos con nuestros sentimientos, podemos tratar de sintonizarlos con las situaciones. Sin el sombrero rojo tendemos a limitarnos a las palabras más fuertes complementadas con el tono y la expresión facial.

—Tengo la sensación de que está vacilando en este negocio. No quiere ser incluido, pero tampoco que se lo deje afuera. Quiere estar a mano en la antesala. Listo para entrar cuando le convenga.

—Morgan a usted no le disgusta, pero lo intranquiliza. Le encantaría hallar una buena excusa para tenerle antipatía.

—Sencillamente no sintonizamos la misma onda en este asunto.

—Existe la sensación de que esta empresa se está desinflando poco a poco. No se trata de una pérdida de entusiasmo, sino de algo parecido a una leve pinchadura en un bote de goma inflable. No se nota que esté pasando nada, pero al mirarlo nuevamente después de cierto tiempo, se nota claramente que está menos firme que antes.

El sombrero rojo permite que el pensador tenga la libertad de ser algo poeta con sus sentimientos. Da a los sentimientos el derecho de hacerse visibles.

CAPÍTULO 20

RESUMEN DEL PENSAMIENTO DE SOMBRERO ROJO

El uso del sombrero rojo permite que el pensador diga: "Así me siento con respecto a este asunto".

El sombrero rojo legitima las emociones y los sentimientos como una parte importante del pensamiento.

El sombrero rojo hace visibles los sentimientos para que puedan convertirse en parte del mapa y también del sistema de valores que elige la ruta en el mapa.

El sombrero provee al pensador de un método conveniente para entrar y salir del modo emocional; así puede hacerlo de una manera que no resulta posible sin este truco o instrumento.

El sombrero rojo permite que el pensador explore los sentimientos de los demás cuando les solicita un punto de vista de sombrero rojo.

Cuando un pensador está usando el sombrero rojo, *nunca* debería hacer el intento de justificar los sentimientos o de basarlos en la lógica.

El sombrero rojo cubre dos amplios tipos de sentimiento. En primer lugar, las emociones comunes, que varían desde las fuertes, tales como miedo y disgusto, hasta las más sutiles como la sospecha. En segundo lugar, los juicios complejos, clasificables en tipos tales como presentimientos, intuiciones, sensaciones, preferencias, sentimientos estéticos y otros tipos no justificables de modo perceptible. Cuando una opinión consta en gran medida de este tipo de sentimientos, también se la puede encajar bajo el sombrero rojo.

CAPÍTULO 21

EL SOMBRERO NEGRO

Lo que tiene de malo

Lo lógico-negativo.

Por qué no funcionará.

No encaja en nuestro conocimiento y experiencia.

Juicio crítico.

El punto de vista pesimista.

Debe decirse que la mayoría de los pensadores –tanto los entrenados como los no entrenados– se sentirán sumamente cómodos usando el sombrero negro. Esto se debe al énfasis occidental en la discusión y la crítica. Aunque parezca sorprendente, la opinión mayoritaria cree que la función principal del pensamiento consiste en usar el sombrero negro. Desgraciadamente, esto deja de lado por completo los aspectos generativo, creativo y constructivo del pensamiento.

Sin embargo, el pensamiento de sombrero negro es una parte muy importante del pensamiento.

Este modo de pensar es siempre lógico. Es negativo pero no es emocional. El rol emocional-negativo corresponde al sombrero rojo (que cubre también al emocional-positivo). El pensamiento de sombrero negro mira el lado oscuro o "negro" de las cosas, pero siempre se trata de una negrura *lógica*. Con el sombrero rojo no se tiene que dar las razones de un sentimiento negativo. Con el negro se debe dar siempre razones lógicas y relevantes. De hecho, uno de los grandes valores del sistema de los seis sombreros para pensar consiste en separar de modo preciso lo emocional-negativo de lo lógico-negativo.

—No creo que la rebaja de precios vaya a funcionar.

—Eso es pensar con sombrero rojo. Quiero que me diga sus ideas de sombrero negro. Quiero sus razones lógicas.

—Nuestras experiencias anteriores –que puedo mostrarle en forma de cifras de ventas– señalan que de la rebaja de precios no han resultado ventas suficientes para compensar la reducción del margen de ganancias. También nuestros rivales han intentado la rebaja de sus precios para competir mejor.

Las razones del pensamiento de sombrero negro deben valer por sí mismas. Deben ser utilizables por cualquiera. Deben ser razonables no sólo cuando las presenta una persona de carácter fuerte en forma persuasiva, sino también cuando se las expresa con frialdad en un libro. El pensamiento de sombrero negro se basa en la lógica de la igualdad y la diferencia.

El pensamiento de sombrero negro debe ser lógico y veraz, pero no tiene que ser justo. Presenta el aspecto lógico-negativo: por qué algo no funcionará. Es el pensar del sombrero amarillo el que presenta el aspecto lógico-positivo –por qué algo funcionará. Esto es así porque la tendencia de la mente a ser negativa es tan fuerte que tiene que dotarse con un sombrero específico. Un pensador debe tener la oportunidad de ser puramente negativo.

Es muy posible que exista una sutil diferencia en la composición de la química cerebral cuando somos negativos y cuando somos positivos. Si esto es así, no sería práctico tener un sombrero para el juicio objetivo que cubriera tanto el aspecto lógico-positivo como el lógico-negativo porque la química cerebral no se movería entre ambos constantemente. La química de lo negativo puede ser la del miedo y la de lo positivo la del placer.

Siempre se sostiene que la palabra *crítica* implica una apreciación honesta tanto del aspecto positivo como del negativo. En la práctica, sin embargo, el verbo *criticar* señala lo que está mal. Esto es exactamente lo que implica el pensamiento de sombrero negro.

Años de experiencia en la enseñanza del pensamiento me han convencido de la necesidad de separar lo lógico-negativo de lo lógico-positivo. La gente que afirma ser justa, en general no hace más que rozar unos cuantos puntos menores de las opiniones contrarias a la suya.

Aunque el sombrero negro es el "sombrero de la crítica", quiero que quede absolutamente claro que *no* es una cuestión de ponerse de un lado en una discusión. No hay ni lados ni discusión. El sombrero negro se concentra en lo lógico-negativo. Un pensador puede cambiar de sombrero negro a sombrero amarillo y viceversa según lo desee.

—Con mi sombrero negro debo señalar la falta de suministro de electricidad en esta cabaña. Con el amarillo, puedo hacer notar que no hace falta pagar cuentas de electricidad.

El carácter específico del sombrero negro alivia al pensador de la necesidad de ser justo y mirar los dos lados de una situación. Cuando se usa el sombrero negro se puede dar rienda suelta a la negatividad.

A primera vista, podría parecer que el sombrero negro intensifica la negatividad tan característica de tantos pensadores. Tal como el sombrero rojo legitima las emociones, el negro aparentemente legitima esta especie absoluta de negatividad. En la práctica, el sombrero negro tiene el efecto opuesto.

Una persona de índole negativa introduce constantemente esta negatividad en su pensamiento. Esa negatividad está siempre pronta para saltar. Esto significa que en nuestro habitual pensamiento confuso –en el que tratamos de hacer todo al mismo tiempo– el tono predominante será negativo. Como se concentra directamente en lo negativo, el sombrero negro en realidad *limita* la negatividad. Se le puede pedir a un pensador que se quite el sombrero negro. Esto señala un claro y definido abandono de lo negativo.

—Su pensamiento de sombrero negro ha sido magnífico. ¿Por qué no se pone ahora otro sombrero?

—Durante la reunión usted no ha hecho más que expresar su pensamiento de sombrero negro. ¿No sabe usar otro sombrero?

—Quiero que se quite el sombrero negro y se ponga el amarillo durante los próximos cinco minutos. Dígame entonces lo que ve.

—Generalmente conseguimos pensamientos de sombrero negro con María. Cuando no se lo pone parece que no tiene mucho que decir.

—Usted piensa con un solo sombrero: el negro.

Un golfista de excelente drive no puede ignorar el palo para golpes suaves. De la misma manera, a un pensador que es bueno con el sombrero negro no le gusta sentirse incapaz de ponerse a voluntad los otros sombreros. El idioma de los sombreros pone así en claro que la negatividad es sólo una parte del pensamiento.

A esta altura ya se le debe haber ocurrido a muchos lectores que el rol del sombrero negro es muy semejante al rol tradicional del abogado del diablo.

—Verdaderamente me gusta la idea de una aeronave de pasajeros. Pero por unos instantes voy a hacer el papel de abogado del diablo.

—Nos estamos dejando llevar por el entusiasmo. Alguien va a tener que hacer de abogado del diablo y notar que el precio de venta resulta demasiado alto.

El sombrero negro es similar, en efecto, al rol del abogado del diablo e integra este rol particular dentro de toda la serie de roles que simbolizan los seis sombreros. De este modo la negatividad se aprecia sólo como uno de los roles del pensamiento. Hay, sin embargo, una diferencia importante.

El abogado del diablo era, en realidad, un abogado que designaban los tribunales eclesiásticos para defender al acusado de herejía o brujería. Otra vez estamos en el plano de la argumentación. Como lo señalé anteriormente, el pensamiento de sombrero negro no tiene nada que ver con la argumentación, sino que sólo se concentra en lo lógico-negativo.

El pensar de sombrero negro se usa para completar la parte negra del mapa del pensamiento. La tarea del sombrero negro es una como cualquier otra. Necesita que se la efectúe completamente. Retener el pensamiento de sombrero negro por temor a que los aspectos negativos destrocen una idea es anular por completo el propósito del pensar con seis sombreros, que implica que se desempeñe al máximo cada uno de los seis roles.

CAPÍTULO 22

PENSAMIENTO DE SOMBRERO NEGRO

Sustancia y método

Errores del pensamiento.

Por qué una cosa no sigue a la otra.

Pautas para las pruebas.

Posibles conclusiones.

Tal como en el caso del pensamiento de sombrero rojo, se puede aplicar el de sombrero negro al tema mismo –me referiré a esto más adelante– y también al debate o pensamiento mismo: al método del pensamiento.

—Que yo sepa, eso es una suposición.

—No veo la conexión entre esto y lo que dijo antes.

—Las cifras que conozco son diferentes de las que ha dado usted.

—Esa no es la única explicación posible: es sólo una explicación.

—No hace falta una conexión lógica entre esos puntos.

Sería tonto e inconveniente que un pensador tuviera que ponerse formalmente el sombrero negro cada vez que quisiera hacer notar algo de este tipo. Se entiende que ese tipo de observaciones forma parte del pensamiento de sombrero negro, se lo aclare formalmente o no.

En la práctica, es preferible que el pensador acumule varios puntos de este tipo en lugar de interrumpir a cada instante como es usual en la discusión. El pensador puede entonces hacer una afirmación formal de pensamiento de sombrero negro, listando los diferentes errores de pensamiento que ha advertido.

—Voy a ponerme un momento el sombrero negro porque quiero señalar los errores que he advertido en esta discusión. La caída del consumo de licores puede deberse a mayor conciencia sobre los cuidados de la salud, pero también a mayor consumo de vino o a la mayor severidad de la legislación que pena el conducir después de consumir alcohol. Además, el aumento de las ventas de vodka se puede deber al aumento de publicidad y no tener relación alguna con el gusto.

—Por lo que veo, todos ustedes han expresado opiniones, suposiciones y sentimientos de sombrero rojo.

—Eso no es correcto. El pago de royalties queda sin efecto sólo si el trabajo de investigación y desarrollo se ha realizado en Irlanda.

—Me gustaría poner en sombrero negro sus ideas sobre este tema. Sus cifras tienen cuatro años de antigüedad. La muestra es muy pequeña. Y las cifras son sólo las del sur del país.

No pretendo establecer aquí todas las reglas de la deducción y de la inferencia lógicas. Muchas son abstractas y no siempre relevantes para asuntos prácticos, en tanto éstos se distinguen de los sistemas cerrados.

Podemos simplificar así las reglas básicas:

1. ¿Es firme y justificada la base?

2. ¿Sigue la derivación?

3. ¿Sigue la derivación necesariamente?

4. ¿Existen otras derivaciones posibles?

Por "derivación" entiendo cualquier cosa que se diga que se sigue de otra. A menudo una derivación es una conclusión.

—Si aumentamos las penas y sentencias a prisión, se reducirá el crimen.

Esto puede parecer una afirmación suficientemente lógica. Si la examinamos en forma detallada, advertimos que, en efecto, la derivación puede seguir, pero no necesariamente. Si se sabe que el riesgo de ser capturado es muy bajo, entonces un aumento de la pena puede no ser eficaz. Si los tribunales no imponen las sentencias más altas, el efecto preventivo puede perderse. Sin embargo, se podría decir que es probable que una mayor disuasión tenga "algún efecto" en la reducción del crimen. Aquí llegamos al punto en que debemos determinar la amplitud exacta de la expresión "algún efecto". Desde el punto de vista del coste adicional que implica mantener a la gente en prisión el efecto puede ser muy poco. Pero podríamos profundizar más. ¿Acaso el aumento de la pena no podría aumentar o empeorar los crímenes? El criminal puede sentirse más inclinado a matar a su víctima para que haya menos probabilidad de que lo capturen si la pena es muy severa. La permanencia más prolongada en prisión por un delito de menor cuantía puede convertir a un delincuente en criminal endurecido. Finalmente, el mayor gasto que implica mantener a la gente en prisión puede tener menos consecuencias que si ese mismo dinero se gastara en aumentar la dotación policial.

El punto interesante que conviene resaltar en este ejemplo es que se necesita gran cantidad de *imaginación* para generar consecuencias y posibilidades alternativas.

Como escribí en *Practical Thinking*, la prueba suele ser sólo falta de imaginación. Esto vale para la ciencia, el derecho y para la mayoría de lo que no es un sistema cerrado como las matemáticas y los juegos filosóficos de palabras.

En la práctica, una de las mejores formas de mostrar un error de lógica es presentar una posibilidad o explicación alternativa.

—Es verdad que en muchos países la cantidad de divorcios aumenta a la par que la cantidad de máquinas lavadoras, pero eso no significa necesariamente que éstas causan el divorcio. La razón de ambas tendencias puede estar en la mayor riqueza, en el progreso de la sociedad, o en el aumento de mujeres que trabajan, etc.

—Es verdad que si subimos los precios probablemente disminuyan las ventas. Pero si logramos presentar el producto como de primera calidad, podríamos conseguir un tipo diferente de comprador y así la disminución de las ventas quedaría compensada por el aumento de ingresos.

Aquí volvemos al aspecto de "probabilidad" del que hablamos a propósito del pensamiento de sombrero blanco. Es perfectamente aceptable señalar una alternativa posible, pero nunca se debe sostener que todas las alternativas son igualmente probables. Nunca debe olvidarse que el pensamiento de sombrero negro *nunca* es un argumento.

¿Cómo abordamos el tema del error en el mapa del pensamiento?

Una persona cree que un aumento de la pena reduciría el crimen. Otro cree que esto es una suposición posible pero no demostrada. Cuando sea posible, se debe utilizar referencias a estadísticas o alguna experiencia real para ayudar a decidir el asunto (pensamiento de sombrero blanco). Si no se puede zanjar el asunto, en el mapa se anotan como posibilidades los distintos puntos de vista alternativos. Cuando las pruebas son particularmente débiles, se puede clasificar la posibilidad como opinión. Cualquiera que utilice el mapa tiene entonces la opción de prestar atención a esa opinión o de ignorarla.

—Es razonable suponer que una mayor cantidad de gente va a viajar durante las vacaciones, ya que los ingresos familiares están aumentando, la cantidad de hijos es menor y los viajes aéreos serán relativamente más baratos.

—Es posible que la gente se aburra de viajar cuando desaparezca la novedad y opte por vacaciones del tipo "segunda casa" en sus propios países.

Se debe anotar ambas posibilidades. Las dos pueden coexistir. Aun cuando se excluyan mutuamente, se las debería asentar en el mapa hasta que decidan las pruebas o la preferencia emocional. Hasta se puede incluir en el mapa un hecho discutido, siempre que se lo clasifique como "discutido".

CAPÍTULO 23

PENSAMIENTO DE SOMBRERO NEGRO

La sustancia del pasado y del futuro

¿Cómo encaja esto con las pautas de mi experiencia pasada?

¿Esto es así?

¿Cuáles son los riesgos?

Hemos estudiado el pensamiento de sombrero negro en cuanto importa al método del pensamiento. Ahora vamos a la sustancia.

¿Son correctos los hechos? ¿Son pertinentes? Los proporciona el pensamiento de sombrero blanco pero los pone a prueba el pensamiento de sombrero negro.

—Puede que el número de desempleados sea menor que el de las cifras, porque es posible que muchas personas de una familia no se molesten en anotarse.

—Los 600 millones de pasajes aéreos que se venden por año no dan una idea exacta de cuánta gente viaja en realidad, porque algunas personas pueden realizar muchos viajes. Además, esta cifra incluye breves viajes internos.

—Deberían relacionarse las cifras que muestran una menor cantidad de crímenes en los Estados Unidos con las cifras de la población de cada edad. Puede ser que la disminución de crímenes se deba a que gran cantidad de gente está saliendo del tramo de dieciocho a veintitrés años, aquel en que se comete la mayoría de los crímenes.

Uno de los usos más simples y más obvios del pensamiento de sombrero negro es poner a prueba las cifras y los informes. En tales casos, el propósito del sombrero negro es señalar los hechos erróneos (cuando sea éste el caso) o los que posiblemente sean inaplicables. Si se ha de tomar una decisión de la mayor importancia basada en los hechos, entonces la posibilidad –aunque sea leve– de que sean inaplicables debería llevar a mejorar los hechos o las cifras. La intención del pensador de sombrero negro no es crear todas las dudas posibles, como lo hace un abogado defensor en tribunales, sino señalar los errores en forma objetiva.

Hay mucha experiencia que no se mide en hechos y cifras. El pensamiento de sombrero negro puede señalar dónde una propuesta o una afirmación no se ajusta a esa experiencia.

—La experiencia me indica que si a la gente se le da una bonificación monetaria, rápidamente empieza a considerarla una parte normal del salario.

—Mi experiencia me indica que la gente responde muy bien si siente que se aprecia su esfuerzo extra y se demuestra esa apreciación con alguna recompensa tangible.

—Si la gente espera ser recompensada, hará muy poco a menos que se le ofrezca una recompensa.

Las dos primeras afirmaciones pueden corresponder a la experiencia de los que se reúnen para hablar de la motivación. La tercera no.

Es necesario aclarar que la experiencia es muy personal, y que por lo tanto diferentes personas pueden tener experiencias diferentes. En distintas culturas, los efectos de las recompensas pueden ser distintos.

También debería aclararse que distintas circunstancias conducen a efectos distintos. Es posible que si las recompensas son demasiado frecuentes, den como resultado la pereza. Por todas estas razones, hay experiencias que pueden parecer incompatibles o incluso contradictorias.

—En épocas de inflación la gente tiende a ahorrar más.

—Esto no es verdad, la gente ahorra menos.

En la mayoría de los países, la gente, en efecto, tiende a ahorrar más. Pero no en los Estados Unidos. Esto puede ocurrir porque hay más información y la gente posee mayor sofisticación financiera, o porque los intereses sobre los préstamos son deducibles de impuestos y en épocas de inflación las tasas de interés pueden incluso ser negativas.

Hay ocasiones en que un pensador de sombrero negro puede intentar desafiar algo en términos absolutos. Esto vale para hechos científicos, hallazgos de una investigación, datos bien establecidos, etc.

—Creo que eso es erróneo. La mayoría de los supermercados hace no más un dos a tres por ciento de la producción.

En otras ocasiones se justifica que el pensador de sombrero negro presente su experiencia personal.

—Ha descubierto que es mucho más motivador el trabajo en una organización pequeña. No estoy de acuerdo con usted cuando dice que las grandes organizaciones descentralizadas se parecen a las pequeñas.

—Tengo que ponerme el sombrero negro para decirles que lo que proponen simplemente no se ajusta a mis veinte años de experiencia en el negocio de la cosmética. No se puede poner la misma marca a un producto de primera calidad y a otro común y corriente.

Es también obligación del pensamiento de sombrero negro señalar los riesgos, peligros, déficits y problemas potenciales que podrían surgir en el futuro.

—Si abandonamos el uso inicial de las armas nucleares, los rusos podrían destruir Europa con armas convencionales.

—Debo señalar que en este trámite de divorcio su esposo pudo sostener que usted no era la persona adecuada para cuidar a los niños.

—Si la libra esterlina sigue cayendo en relación al dólar, posiblemente se tengan que subir las tasas de interés, lo que originaría una caída en la bolsa de valores.

El único modo como podemos mirar el futuro es desde el punto de vista del pasado. Esto puede significar una simple extrapolación.

—Hay una tendencia firmemente establecida en favor de los bocadillos y las comidas rápidas. La gente está reduciendo las grandes comidas formales y adoptando el "pastoreo", lo que significa que come, en la práctica, sin dejar de trabajar.

—Muchas organizaciones han quebrado por tratar de vender helados a los franceses. No veo por qué esta nueva tentativa debería tener éxito.

También se puede interpretar el futuro como una conjunción de diferentes tendencias y modelos.

—A medida que se acorta la semana de trabajo, habrá más tiempo libre. Pero la alta tasa de desempleo significa que mucha gente con tiempo libre no puede gastar mucho dinero en éste. Por lo tanto necesitamos formas baratas de pasar los ratos de ocio.

—El sombrero negro me dice que los ordenadores Apple quedarán fuera de mercado a menos que sean compatibles con las IBM. Los compradores van a querer acceder a todo el software de IBM.

Siempre podemos tener certidumbre sobre el pasado –aunque no podamos estar siempre seguros de que una lección particular del pasado se aplique a una determinada situación de hoy. Con respecto al futuro tenemos que ser especulativos. Se puede describir el pensamiento de sombrero amarillo como especulativo-positivo, porque es optimista y mira todas las cosas buenas que pueden surgir de una decisión o acción propuesta. Una de las funciones del pensamiento de sombrero negro consiste en ofrecer el equilibrio especulativo-negativo: "Esas cosas podrían salir mal".

—Respecto a la propuesta de ingresar al campo de los ordenadores personales, debo ponerme el sombrero negro para darle mi opinión. ¿Podemos hacerlo? ¿Podemos ponerla en venta al precio correcto? ¿Qué ventajas tendrá sobre las competidoras? ¿Por qué la compraría alguien?

Aquí llegamos a lo que puede llamarse "pregunta negativa". El pensador de sombrero negro virtualmente dice: "Tengo este punto de vista negativo. De usted depende que me convenza de que estoy equivocado".

—¿Por qué cree que este consultor va a ser mejor que el anterior?

—¿Qué sucede si los japoneses entran en el mercado de la aviación civil?

—¿En qué posición quedamos si una de las mayores compañías farmacéuticas comienza a fabricar lentes intra-oculares?

La mayoría de las preguntas negativas se puede presentar igualmente bien en esta forma: "Me parece peligroso que..."

—Me parece peligroso que la competencia alcance nuestros precios más bajos.

—Me parece peligroso que los subsidios gubernamentales terminen en forma abrupta.

—Me parece peligrosa la sobreproducción de leche.

—Me parece peligroso que el aumento de salarios haga subir los costes de producción y nos deje fuera de mercado.

—Me parece peligroso que el pensamiento de los seis sombreros pueda convertirse en un juego, y tanto que no pensemos formalmente nada sobre el asunto principal.

Tal como el de abogado del diablo es un rol tradicional del pensamiento, también lo es el de Casandra, la profetisa del mal agüero.

Este rol encaja perfectamente con el aspecto especulativo-negativo del pensamiento de sombrero negro.

¿Cómo se contrarrestan las negativas que arroja el pensamiento de sombrero negro? Lo primero que debemos recordar es que estamos trazando un mapa, no discutiendo.

La primera forma consiste en anotar la negativa y reconocerla.

—Sí, en efecto, ése es un nuevo peligro, y si ocurre estaremos en un problema. Ciertamente necesitamos tenerlo en cuenta.

La segunda forma es reconocer la negativa pero ofrecer un punto de vista paralelo que difícilmente sea el caso.

—Existe una posibilidad pero creo que es sólo una posibilidad remota. Hemos probado este producto durante cuatro años y cualquier defecto debería haber salido a la luz.

La tercera forma es reconocer el peligro y presentar una respuesta.

—Si los competidores igualan sus precios con los nuestros, entonces lanzaremos un producto especial de bajo precio, que fue diseñado para ser vendido a un precio muy bajo. Si intentan igualarlo, no les quedará ningún margen de ganancia.

La cuarta forma es negar la validez del peligro; en realidad, es aplicar el pensamiento de sombrero negro al pensar de sombrero negro de la otra persona.

—No entiendo cómo puede ocurrir esto, ya que el coste de ingreso a este mercado sería demasiado alto para cualquier recién llegado. Los jugadores más importantes ya están en plaza y los conocemos.

La quinta forma consiste en ofrecer un punto de vista alternativo y situarlo en paralelo al del pensamiento de sombrero negro.

—A medida que el precio del petróleo resulte menor en relación a otros costes, la gente puede empezar a comprar de nuevo automóviles más grandes, pero como ya está acostumbrada a la conveniencia de los más pequeños creo que siempre habrá mercado para ellos.

CAPÍTULO 24

PENSAMIENTO DE SOMBRERO NEGRO

Complacencia negativa

Es mucho más fácil ser negativo.

Es más divertido ser negativo.

Sí... pero.

La construcción de un ferrocarril es una hazaña compleja de ingeniería. Una simple barra de concreto situada de través en la vía puede hacer descarrilar un expreso. El situar esta barra no es una operación que necesite de una habilidad extraordinaria. Destruir es siempre mucho más fácil que construir. Lo mismo ocurre con la negatividad. Por eso es necesario, cuando consideramos el pensamiento de sombrero negro, fijarse también en los atractivos de la negatividad, que tan a menudo conducen a una "complacencia negativa".

El pensamiento negativo es atrayente porque su logro es inmediato y completo. Probar que alguien está equivocado da esta satisfacción inmediata. Proponer una idea constructiva no ofrece ningún logro hasta que la idea le gusta a alguien o se puede probar que funciona (lo que lleva tiempo).

Atacar una idea da una instantánea sensación de superioridad. Elogiar una idea aparentemente sitúa al que la elogia un poco por debajo del autor de la idea.

Criticar es muy fácil, porque todo lo que tiene que hacer el crítico es elegir un marco para su juicio y luego mostrar que la propuesta no encaja en ese marco en particular.

—Lo que aquí necesitamos es una idea simple, práctica. Su propuesta es demasiado elaborada y compleja. Nunca daría resultado.

Si la propuesta hubiera sido simple y directa, entonces el crítico podría haber elegido una estructura diferente.

—Esta visión de la situación es demasiado simplista. La propuesta es un disparate propio de jardín de infancia. A mi hijo de seis años se le podría haber ocurrido algo mejor. Tenemos que tener en cuenta todos los factores.

Observe que los dos rechazos abruptos de la propuesta son en cierto modo más fáciles que la formulación de una propuesta nueva. Observe, también, que en realidad la crítica no se basa en la sustancia de la propuesta sino en cierta calidad general, como que es "demasiado compleja" o "demasiado simple". Es sorprendente cuánta crítica es de este tipo. Esta clase de pensamiento debe situarse bajo el sombrero rojo, no bajo el negro.

—No me gusta su propuesta. Es así de simple.

Hay mucho pensamiento de sombrero rojo que se disfraza de negro.

—Si eso es todo lo que tiene que decir, debemos considerarlo como pensamiento de sombrero rojo, no como pensamiento de sombrero negro. Tiene usted derecho a sus sentimientos.

Es mucho más fácil hacer un traje que no quede bien que uno que sí. Esto conduce directamente al idioma del "sí... pero". Aquí el pensador negativo ignora la mayor parte de la propuesta, que en efecto es valiosa y factible, para concentrarse en algún sector de menor importancia, que puede ser dudoso.

—El libro está bien, pero quisiera saber por qué tuvo que elegir ese título absurdo. No dice nada sobre el libro, no es pertinente. Es la clase de título que se podría encontrar en una mala novelita popular.

—Lo absurdo de todo el presupuesto queda patente en el impuesto al valor añadido sobre la comida que se compra preparada. Si es fría, no tiene impuesto porque es sólo alimento. Si se la ha calentado, sí que hay impuesto: ya no es mero alimento, es "comida".

Generalmente se sostiene que el crítico presta un servicio útil cuando señala los defectos de menor importancia, porque lo que en realidad está diciendo es: "Todo lo demás está bien, así que si corrige ese defecto menor quedará perfecto". Esto vale sin duda cuando un diseñador o un escritor está dando forma al producto, pero cuando éste está listo la expresión del crítico viene a ser: "Tengo que hallar algo que criticar".

En el ejemplo del impuesto a la comida rápida, vemos otro idioma en acción. Aquí el pensador negativo trata de dar la impresión de que se está concentrando sólo en una parte del todo. Al mostrar que la parte es absurda, la implicación es que el todo es igualmente absurdo. Esto es lo mismo que dar a entender: "El que hace una tontería así es un estúpido. Por lo tanto, cualquier cosa que haga es estúpida".

Estas son complacencias obvias e infantiles del pensador negativo. Hay muchas otras, que incluyen adjetivos ("débil", "así llamado", "infantil", etc.) y sarcasmo ("bien intencionado", etc.). También está el refugio tradicional de los que no entienden algo nuevo: "la ropa nueva del Emperador".

En mi libro *Conflicts: A Better Way to Resolve Them*, se explican con mayor claridad y mucho más detalladamente los peligros del pensamiento negativo y del método argumentativo.

El propósito del pensamiento de sombrero negro es ocuparse del pensamiento negativo serio y no de la complacencia negativa infantil que estoy esbozando en esta sección.

El aspecto serio de la expresión "sí... pero" consiste en que a veces es necesario señalar un peligro no muy probable pero que sin embargo debe ser señalado.

—Sé que ha probado el rendimiento de los álabes de estas turbinas en el funcionamiento del motor, ¿pero cree que resistirán el impacto lateral del golpe de un pájaro?

—No es muy probable, pero siempre existe la posibilidad de que sea un agente doble. Debemos tenerlo en cuenta.

—Supongo que existe la posibilidad de que ahora los libros se estén volviendo lo bastante caros para que se los considere regalos válidos.

Traté el asunto de la "probabilidad" bajo el pensamiento de sombrero blanco. En tanto algo esté adecuadamente enmarcado (dada la probabilidad), es legítimo hacer comentarios negativos del tipo de "sí... pero". Se los presenta como asuntos para corregir o como asuntos para tener presente.

CAPÍTULO 25

PENSAMIENTO DE SOMBRERO NEGRO

¿Primero lo negativo o lo positivo?

¿El sombrero amarillo debería preceder al negro?

Miedo y seguridad.

Curiosidad y exploración.

Los niños pequeños advierten –y objetan– la más mínima desviación del relato de un cuento que conocen bien. La reiteración inspira seguridad.

Es razonable suponer que en circunstancias aterrorizantes un animal limita su comportamiento a las pautas de lucha o de fuga que conoce. Se supone que los soldados bajo fuego deben mantener la disciplina.

¿Acaso constituye el aspecto negativo de la mente una retirada a la certeza de lo conocido?

¿Cuál sombrero debe ponerse primero el pensador, el negro de la inspección negativa o el amarillo de la exploración positiva?

Se puede argüir que el sombrero negro debería ser siempre el primero para poder rechazar con rapidez las ideas impracticables, sin necesidad de pasar demasiado tiempo considerándolas. Este modo negativo es el que usa la mayoría de la gente, y para muchos propósitos prácticos resulta rápido y eficaz. Cuando nos importa más la competencia que el logro, la discriminación negativa ahorra tiempo.

Sin embargo, es mucho más fácil ver los defectos de cualquier propuesta nueva que ver sus virtudes. Por lo tanto, si primero usamos el sombrero negro, es poco probable que avancemos más en ella. Una vez que la mente se ha dirigido hacia lo negativo, resulta muy difícil ver lo positivo. Posiblemente la química cerebral ya se ha ajustado a "miedo" y a "seguridad".

Por eso, cuando consideramos nuevas ideas y cambios, tiene mucho más sentido adoptar *primero* el sombrero amarillo y después el negro.

—Llegaremos al pensamiento de sombrero negro a su debido tiempo. Pero por ahora quiero que todos se pongan el sombrero amarillo.

—Eso es pensamiento de sombrero negro. Espere hasta más tarde.

—No quiero interrupciones de sombrero negro por más válidas que sean. Anótelas e infórmelas más tarde.

Una vez que se ha explicado con claridad la idea y los beneficios de la misma, el pensamiento de sombrero negro tiene algo sobre lo cual trabajar. Quiero subrayar que todos tienen la responsabilidad de usar el sombrero amarillo respecto de la propuesta. No es sólo tarea de la persona que hace la sugerencia mientras todos los demás se sientan en silencio, impacientes, a la espera de ponerse el sombrero negro.

—Usted no ha dicho nada todavía. Quiero que haga algunos comentarios de sombrero amarillo.

Se podría sostener que si una idea pasa el "juicio" negativo del sombrero negro y sobrevive, automáticamente se la puede calificar de buena, y que entonces el pensamiento de sombrero amarillo estaría de más. Esto parte del supuesto falso de que todos los méritos de una idea están sobre una especie de bandeja y que todo lo que tenemos que hacer es examinarlos. De hecho, explorar los méritos de una idea requiere un esfuerzo considerable de imaginación y de pensamiento perceptivo. Por esto el pensamiento deliberado de sombrero amarillo es necesario y también por esto debe adoptarse primero.

Una vez que se ha manifestado la idea con claridad, se puede aplicar el pensamiento de sombrero negro de dos modos distintos. El primero consiste en examinar la viabilidad de la idea.

—¿Es legal esta idea?

—¿Esta idea funcionaría?

—¿Hay algún beneficio en esta idea?

—¿Vale la pena hacer esto?

He optado por incluir en el término *viable* la noción de beneficio: si no hay beneficios, la idea puede ser *viable* en abstracto, pero no en la práctica. Una vez establecido que la idea es viable, el pensamiento de sombrero negro puede tratar de *mejorarla* señalando sus deficiencias.

—Si lo hiciéramos así, habría una montaña de trabajo al término de cada mes.

—Se abusaría del sistema a menos que hubiera un número de código pesonal destinado a los que compran por teléfono.

La mejora del diseño es un uso positivo del pensamiento de sombrero negro. El perfeccionamiento del diseño ciertamente no se limita a suprimir errores –imaginar y lograr beneficios es aún más importante. Pero detectar y corregir errores y peligros es parte esencial de este trabajo.

En ocasiones, es posible hacer algo más que suprimir un problema. Esa dificultad puede convertirse en una oportunidad o en una fuente de beneficio. Esto requeriría una mezcla de pensamiento de sombrero verde (creatividad) y de pensamiento de sombrero amarillo.

Al de sombrero negro no le incumbe resolver problemas, sólo señalarlos.

CAPÍTULO 26

RESUMEN DEL PENSAMIENTO DE SOMBRERO NEGRO

EL PENSAR DE SOMBRERO NEGRO se ocupa específicamente del juicio negativo. El pensador de sombrero negro señala lo que está mal, lo incorrecto y erróneo. El pensador de sombrero negro señala que algo no se acomoda a la experiencia o al conocimiento aceptado. El pensador de sombrero negro señala por qué algo no va a funcionar. El pensador de sombrero negro señala los riesgos y peligros. El pensador de sombrero negro señala las imperfecciones de un diseño.

El pensamiento de sombrero negro *no* es argumentación y nunca se lo debería considerar como tal. Es un intento objetivo de poner en el mapa los elementos negativos.

El pensamiento de sombrero negro puede señalar los errores en el proceso del pensamiento y en el método mismo.

El pensamiento de sombrero negro puede confrontar una idea con el pasado para verificar si encaja con lo ya sabido.

El pensamiento de sombrero negro puede proyectar una idea en el futuro para verificar qué podría fracasar o ir mal.

El pensamiento de sombrero negro puede hacer preguntas negativas.

El pensamiento de sombrero negro no debería utilizarse para encubrir complacencia negativa o sentimientos negativos, los que deberían utilizar el sombrero rojo.

El juicio positivo queda para el sombrero amarillo. De presentarse ideas nuevas, el sombrero amarillo siempre se debe usar antes que el negro.

CAPÍTULO 27

EL SOMBRERO AMARILLO

Especulativo-positivo

Pensamiento positivo.

El amarillo es el color de los rayos del sol y de la luminosidad.

Optimismo.

Concentración en el beneficio.

Pensamiento constructivo; hacer que las cosas ocurran.

El ser positivo es una opción. Podemos elegir mirar las cosas de manera positiva. Podemos elegir concentrarnos en los aspectos positivos de una situación. Podemos buscar los beneficios.

La actitud del sombrero amarillo es exactamente la opuesta a la del negro. El sombrero negro se ocupa del juicio negativo, mientras que el amarillo del positivo. Desgraciadamente, hay más razones naturales para ser negativo que para ser positivo. El pensamiento negativo puede protegernos de errores, riesgos y peligros. El pensamiento positivo tiene que ser una mezcla de curiosidad, placer, codicia y deseo de "hacer que las cosas ocurran". Puede argüirse que el progreso del hombre depende de este deseo. En mi libro sobre el éxito, *Tactics: The Art and Science of Success,* lo que caracteriza a las personas exitosas es este deseo irresistible de hacer que las cosas ocurran.

He calificado al sombrero amarillo de "especulativo-positivo", porque con cualquier plan o acción estamos mirando hacia el futuro. Allí la acción o el plan se van a realizar. Nunca podemos estar tan seguros del futuro como lo estamos del pasado, por lo que tenemos que especular sobre lo que podría ocurrir. Comenzamos a hacer algo porque vale la pena hacerlo. Nuestro juicio de valor, sobre lo que "vale la pena", da el aspecto "positivo" a lo especulativo-positivo.

Pero también cuando observamos algo que ya ha ocurrido podemos elegir mirar los aspectos positivos o extraer una interpretación positiva.

—Lo positivo es que ahora sabemos cómo va a actuar. Se acabó la incertidumbre.

—Pongámonos el sombrero amarillo y consideremos los aspectos positivos. Kodak ha decidido ingresar al mercado de la cámara instantánea. Por lo tanto tendrá que hacer publicidad a sus productos. Esto aumentará el conocimiento público del mérito de la fotografía instantánea. Esto puede apoyar nuestra venta, especialmente si el público advierte que nuestro producto es mejor.

—Reprobar ese examen fue lo mejor que pudo haberle ocurrido. No habría sido feliz como maestra.

Hay algunas, pocas, personas cuyos hábitos mentales naturales son positivos. La mayoría de la gente es positiva cuando está presentando una idea propia. La mayoría de la gente es positiva sobre una idea si en ella advierte algo de inmediato por sí misma. El interés propio es una base fuerte para el pensamiento positivo. El pensamiento de sombrero amarillo no tiene que esperar talês motivaciones. El pensamiento de sombrero amarillo es un recurso deliberado que el pensador elige adoptar. El aspecto positivo no resulta de haber visto el mérito de una idea; es anterior a esto. El sombrero amarillo viene primero. El pensador se pone el sombrero amarillo y después sigue los *requerimientos* del sombrero para ser positivo y optimista.

Si volvemos a la analogía de imprenta que utilicé anteriormente, el sombrero amarillo pone el color amarillo de la misma manera que el sombrero rojo pone el color rojo.

—Antes de que haga otra cosa, quiero que se ponga el sombrero amarillo y me diga qué piensa sobre esta nueva propuesta.

—Ya me ha dado todas las razones por las que no le gusta la idea y por las que probablemente fracasará. Ahora quiero que se ponga con decisión el sombrero amarillo. ¿Qué ve ahora?

—Desde el punto de vista amarillo, ¿ve alguna ventaja en hacer este accesorio de plástico en lugar de hacerlo de metal? El coste sería más o menos el mismo.

—Se me ocurrió la idea de vender patatas fritas en envase doble. Parece que no le gusta a nadie. ¿Podría darme su opinión de sombrero amarillo?

—En este momento no quiero un punto de vista equilibrado o uno objetivo. Necesito un preciso punto de vista según el sombrero amarillo.

—Mi sombrero negro me dice que este nuevo mechero barato nos podría dañar las ventas. Pero el amarillo me dice que podría arrasar en el mercado medio y forzar a algunos compradores a pasarse al mercado caro, beneficiándonos así a nosotros.

—No es fácil ponerse el sombrero amarillo en este momento. Pero la falta de periódicos debido al paro podría hacer que la gente se diera cuenta de cuánto los necesita y de cuánto mejores son que la televisión en algunos aspectos.

Aunque el pensamiento de sombrero amarillo es positivo, requiere tanta disciplina como el sombrero blanco o el negro. No se trata sólo de dar un juicio positivo sobre algo que se plantea. Es una búsqueda deliberada de lo positivo. Esta búsqueda a veces resulta infructuosa.

—Estoy usando mi sombrero amarillo, pero no puedo hallar nada positivo que decir.

—Me pondré el sombrero amarillo, pero no espero encontrar nada positivo.

Se puede argüir que a menos que un aspecto positivo sea obvio, en realidad no puede valer mucho. Se puede argüir también que no tiene sentido devanarse los sesos para encontrar remotos aspectos positivos de poco valor práctico. Esto es entender mal la percepción. Puede haber aspectos positivos muy importantes que no sean evidentes a primera vista. Así trabajan los empresarios. Ven el valor que quienes los rodean no han advertido todavía. El valor y el beneficio de ninguna manera son siempre obvios.

CAPÍTULO 28

PENSAMIENTO DE SOMBRERO AMARILLO

La variedad de lo positivo

¿Cuándo se convierte el optimismo en tontería?

De la esperanza a la lógica.

¿Qué es el realismo?

Hay gente que piensa bien de un estafador aun después de haber sido engañada por él. Creen que fue sincero en su oportunidad y que las circunstancias o sus colegas lo defraudaron después. Recuerdan su poder de convicción y cómo les gustaba que los convenciera.

Hay personas de tipo Poliana, optimistas hasta el punto de la tontería. Hay personas que *esperan* seriamente ganar premios importantes en la lotería y que aparentemente basan su vida en esta esperanza. Hay industriales que observan el gran mercado de la aspirina y creen que si pudieran obtener tan sólo una pequeña parte valdría la pena.

¿En qué punto el optimismo se convierte en tontería y en esperanza absurda? ¿El modo de pensar amarillo no debería tener límites? ¿No debería tener en cuenta las probabilidades? ¿Este tipo de cosas se debe dejar al pensamiento de sombrero negro?

La variedad de lo positivo va desde lo optimista en exceso hasta lo lógico-práctico. Debemos tener cuidado con la forma en que manejamos esta variedad. La historia está llena de sueños y visiones teóricas que estimularon el esfuerzo que finalmente convirtió estos sueños en realidad. Si limitamos el pensamiento de sombrero amarillo a lo sensato y muy conocido, va a haber poco progreso.

La clave consiste en observar la acción que sigue al optimismo. Si esta acción se queda sólo en esperanza (como la esperanza de ganar la lotería o de que un milagro salve el negocio), el optimismo puede estar mal situado. Si el optimismo va a llevar a alguna acción en la dirección elegida, se vuelve más difícil. Generalmente el exceso de optimismo, pero no siempre, conduce al fracaso. Son los que esperan tener éxito quienes en efecto lo tienen.

—Existe una probabilidad remota de que haya sobrevivido alguien al aterrizaje de emergencia sobre el glaciar. Debemos ir y buscar.

—Existe la probabilidad de que este nuevo partido divida el voto de la oposición.

—Si invertimos mucho en promover esta película, tendremos un éxito en las manos.

—Existe la probabilidad de que se lo elija el coche del año. Deberíamos estar preparados para aprovechar esto en nuestra campaña publicitaria. Puede no ocurrir pero debemos estar listos.

El propósito del sombrero amarillo, igual que el de los otros, es colorear el mapa conceptual del pensamiento. Por esta razón, habría que anotar las sugerencias optimistas y ponerlas en el mapa. No hace falta detallarlas antes de anotarlas en el mapa. Sin embargo, vale la pena clasificarlas y estimar la probabilidad en forma aproximada.

Se puede diseñar una clasificación simple de las probabilidades:

- probado
- muy probable (basándonos en la experiencia y en lo que sabemos)
- mucha probabilidad, gracias a una combinación de cosas diferentes
- cincuenta por ciento de probabilidades
- sólo posible
- remoto.

Esta clasificación es semejante, en cierto modo, a la que se usó para el pensamiento de sombrero blanco.

Podemos elegir no respaldar nunca una probabilidad remota, pero se la debe hacer figurar en el mapa. Si está en el mapa, tenemos la opción de rechazarla o de intentar mejorar las posibilidades. Si no está, no tenemos opción alguna.

—Sé que está muy ocupado y que cobra muy caro, pero póngase en contacto con él e invítelo a abrir la conferencia. Puede ser que acepte. En el peor de los casos sólo puede decir que no.

—Todas las niñas quieren ser actrices y sólo unas cuantas lo logran, así que las posibilidades de éxito no son muchas. Sin embargo, como algunas personas lo consiguen, puedes intentarlo si quieres.

—No es probable que encuentres algún tesoro artístico oculto en la tienda de antigüedades de un pueblo. Pero es verdad, también, que la mayoría de los tesoros artísticos ocultos están en lugares donde nadie espera encontrarlos.

CAPÍTULO 29

PENSAMIENTO DE SOMBRERO AMARILLO

Razones y respaldo lógico

¿En qué se funda el punto de vista positivo?

¿Por qué crees que sucederá así?

Razones de fondo para el optimismo.

Una afirmación positiva puede basarse en la experiencia, información disponible, deducción lógica, presentimientos, tendencias, suposiciones y esperanzas. ¿El pensador que se pone el sombrero amarillo tiene que explicar claramente las razones de su optimismo?

Si no se dan razones, es preferible que se sitúe la "sensación buena" bajo el sombrero rojo, como un sentimiento, presentimiento o intuición. El pensamiento de sombrero amarillo debería ir mucho más lejos.

El pensamiento de sombrero amarillo abarca los juicios positivos. El pensador de sombrero amarillo debería hacer los mayores esfuerzos para dar respaldo al optimismo que ha manifestado. Este esfuerzo debe ser concienzudo y cuidadoso. *Pero no se debe limitar el pensamiento de sombrero amarillo a los puntos que se pueden justificar enteramente.* En otras palabras, se debe hacer un gran esfuerzo por justificar el optimismo, pero si no se tiene éxito, de todos modos el punto se puede adelantar como una especulación.

El énfasis del pensamiento de sombrero amarillo está en la exploración y en la especulación positiva. Nos empeñamos en discutir los posibles beneficios. Después buscamos justificarlos. Esta justificación es un intento por fortalecer la sugerencia. Si no se consigue este respaldo lógico con el sombrero amarillo, no se lo va a conseguir de ningún otro modo.

—Mi sombrero amarillo me sugiere que las omelettes de huevo resultarían una buena comida rápida. Si busco razones para justificar esta opinión, elegiría la conciencia que hay sobre la dieta y la preferencia que la gente tiene ahora por no comer huevos con el desayuno. Existe la posibilidad de comerlos en otros momentos.

—¿Qué le parece una serie de guantes para distintas actividades? No sólo guantes para protegerse del frío, sino guantes para reparar el automóvil, guantes para comer, guantes para las tareas domésticas. La gente hace hoy más cosas por sí misma. Está tomando más conciencia del cuidado del aspecto y de la piel.

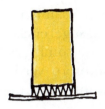

CAPÍTULO 30

PENSAMIENTO DE SOMBRERO AMARILLO

Pensamiento constructivo

Hacer que las cosas ocurran.

Propuestas y sugerencias.

Imagine que ocho brillantes pensadores críticos se sientan alrededor de una mesa para pensar los medios de mejorar el suministro de agua de la ciudad. Ninguna de estas mentes brillantes puede comenzar a funcionar hasta que se presente una propuesta. Sólo entonces se puede desencadenar todo el brillo de ese pensamiento crítico. ¿Pero de dónde sale la propuesta? ¿Quién se ha entrenado para presentar propuestas?

El pensamiento crítico es una parte muy importante del pensamiento, pero de ninguna manera es suficiente. Me opongo terminantemente a la idea de que es suficiente entrenar mentes críticas. Ésta ha sido la tradición del pensamiento occidental; no es adecuada.

El pensamiento de sombrero negro abarca el aspecto "pensamiento crítico". Cuando me referí al sombrero negro dejé muy claro que el pensador que lo adopta debe desempeñar plenamente el rol: debe ser tan violentamente crítico como le sea posible. Ésta es una parte importante del pensamiento y debe realizarse correctamente.

123

Los aspectos generativo y constructivo del pensamiento son materia del sombrero amarillo. Las ideas, sugerencias y propuestas deben surgir del pensamiento de sombrero amarillo. Más adelante veremos que el sombrero verde (creatividad) también juega un papel importante en el diseño de nuevas ideas.

El pensamiento constructivo se ajusta al sombrero amarillo, porque todo pensamiento constructivo tiene una actitud positiva. Las propuestas se hacen para que algo *mejore*. Puede tratarse de la solución de un problema. Puede tratarse de efectuar mejoras parciales. Puede tratarse del aprovechamiento de una oportunidad. En cada caso, se hace la propuesta con el fin de originar algún cambio positivo.

Un aspecto del pensamiento de sombrero amarillo se ocupa del pensamiento reactivo. Éste es el aspecto del juicio positivo, la contraparte del juicio negativo del sombrero negro. El pensador de sombrero amarillo selecciona los aspectos positivos de la idea que le han presentado tal como el de sombrero negro selecciona los aspectos negativos. En esta sección me ocupo de un aspecto diferente del pensamiento de sombrero amarillo: el aspecto constructivo.

—Para mejorar el suministro de agua podríamos construir un dique sobre el río Elkin, y crear una reserva.

—Hay agua abundante en las montañas a ochenta kilómetros de distancia. ¿Sería factible instalar una tubería?

—El chorro de agua común del water gasta alrededor de treinta litros cada vez que se lo utiliza. Hay nuevos diseños que usan sólo seis litros. Esto podría ahorrar hasta cien litros diarios por persona o treinta millones de litros por día.

—¿Qué opina acerca de recircular el agua? He oído que hay nuevos métodos por membrana, que resultan muy económicos. También tendríamos menos problemas con los desechos. ¿Puedo investigar este asunto?

Cada una de éstas es una sugerencia concreta. Una vez hecha la sugerencia, se la puede seguir desarrollando y finalmente someter al juicio del sombrero negro y del sombrero amarillo.

—Pónganse los sombreros amarillos y hagan más sugerencias concretas. Cuantas más tengamos, mejor.

—Juan, ¿qué sugerencia tienes? ¿Cómo podríamos abordar este problema? Ponte el sombrero amarillo.

A esta altura, alguien podría observar que las propuestas deben surgir de "expertos en el tema del agua" y que no corresponde que aficionados hagan esas sugerencias. El rol de los aficionados sería evaluar, con su pensamiento crítico, las propuestas que presenten los expertos. Éste es un estilo muy típico de la política. Los técnicos están para proponer las ideas y al político corresponde evaluarlas. En efecto, puede haber un rol en política para este tipo de pensamiento, pero quienes toman decisiones quedan a merced de los expertos. En otras áreas, como el pensamiento personal o el de negocios, el pensador es su propio experto y debe producir las ideas.

¿De dónde provienen las sugerencias y las propuestas? ¿Cómo hace el pensador de sombrero amarillo para dar con una solución?

No hay espacio en este libro para desarrollar los distintos métodos de solución de diseños y problemas. Me he referido a estos temas en otros libros. Las propuestas de sombrero amarillo no necesitan ser especiales o muy ingeniosas. Pueden incluir modos rutinarios de tratar esos asuntos. Pueden incluir métodos que se sabe se utilizan en otras partes. Pueden incluir la conjunción de algunos efectos conocidos a fin de construir una solución determinada.

Una vez que el sombrero amarillo ha encaminado la mente del pensador para que haga una propuesta, posiblemente no sea difícil dar con la propuesta en cuestión.

—Quítese el sombrero negro. En vez de evaluar las propuestas que tenemos hasta ahora, póngase el sombrero amarillo y hagamos otras más.

—Me dejo puesto el sombrero amarillo y sugiero que dejemos a la empresa privada vender agua a precios competitivos.

—No, aún no estamos en condiciones de ponernos los sombreros negros. No creo que hayamos agotado todas las sugerencias posibles. Sí, es verdad que queremos traer expertos y consultores, pero primero establezcamos algunas indicaciones posibles. Así que, de momento, sigamos pensando constructivamente con los sombreros amarillos.

Así pues, el pensamiento de sombrero amarillo se ocupa de la generación de propuestas y también de la evaluación positiva de las propuestas. Hay un tercer aspecto entre estos dos: el desarrollo o "construcción" de la propuesta. Esto es mucho más que la evaluación reactiva de una propuesta. Es continuar con la *construcción*. Se modifica, mejora y fortalece la propuesta.

Este aspecto "mejorador" del pensamiento de sombrero amarillo actúa para corregir los errores que ha detectado el pensamiento de sombrero negro. Como ya aclaré, el sombrero negro puede detectar las imperfecciones pero no tiene la responsabilidad de corregirlas.

—Si cedemos el suministro de agua a una empresa privada, corremos el riesgo de que el abastecimiento quede en manos de un monopolio que fije el precio que quiera y tenga a la ciudad a su merced.

—Podríamos tomar precauciones al respecto y establecer un precio máximo. Éste se podría fijar de acuerdo con el actual y con cierta flexibilidad relacionada con la inflación.

Quiero subrayar que este aspecto constructivo del pensamiento de sombrero amarillo no requiere, para ser ejercido, de ningún plus especial de inteligencia. Sólo consiste en el deseo de presentar propuestas concretas, aunque éstas no resulten nada extraordinario.

CAPÍTULO 31

PENSAMIENTO DE SOMBRERO AMARILLO

Especulación

Investigar el futuro.

El valor del "si".

El mejor de los casos.

La especulación tiene que ver con la conjetura y con la esperanza. Los inversores son especuladores por naturaleza, aunque se tienda a reservar esta palabra para quienes negocian con la construcción y con dinero. Un constructor especulador construye una casa sin tener todavía el cliente. Después empieza a buscarlo.

Todo especulador debe tener un fuerte sentido del beneficio potencial. También debe haber esperanza.

El pensamiento de sombrero amarillo no es sólo juicio y propuestas. Es una actitud que se adelanta a una situación con esperanza positiva. El sombrero amarillo se dedica a avizorar posibles beneficios y valores. Tan pronto como se los avista, se empieza a explorar en esa dirección.

En la práctica hay una gran diferencia entre el juicio objetivo y la intención de encontrar un valor positivo. Lo que estoy señalando con la palabra *especulación* es este aspecto del pensamiento de sombrero amarillo, el de extenderse, adelantarse para alcanzar algo.

—Hay un nuevo tipo de comida rápida que se está haciendo popular. Es una especie de pollo aplastado, que se prepara al estilo mejicano. Póngase el sombrero amarillo y dígame qué le parece esto.

—Hay tantos tipos diferentes de seguros que la gente se confunde. Podríamos tener una especie de seguro "general" que tenga en cuenta todo. Llévese esta idea y piénsela con el sombrero amarillo. Luego vuelva y dígame lo que descubrió.

Este aspecto especulativo del pensamiento de sombrero amarillo es puro pensamiento de *oportunidad*. Va más allá de la resolución de un problema y del perfeccionamiento. La gente está obligada a solucionar problemas pero nunca nadie está obligado a buscar oportunidades. Sin embargo, todos tienen la *libertad* de buscarlas, si así lo desean.

El pensamiento especulativo siempre debe partir del mejor escenario o del mejor caso posible. De esta manera uno puede estimar el máximo beneficio posible de la idea. Si aun en el mejor de los casos los beneficios no son satisfactorios, no vale la pena seguir explorándola.

—Puestos en el mejor de los casos, el otro negocio se ve obligado a cerrar y nos apoderamos de todo el comercio del área. Pero no creo que esto resulte especialmente provechoso. Tal como están las cosas, el otro negocio sólo trata de sobrevivir.

—En el mejor de los casos, la tasa de interés sube rápidamente, y nuestra hipoteca transferible de tasa fija hace que la casa resulte muy vendible.

Si, puestos en el mejor de los casos, los beneficios parecen suficientemente atractivos, el asunto es verificar cuán probable es el caso y cuán probables los beneficios supuestos.

El pensamiento de sombrero amarillo, en cuanto especulativo, considera el mejor de los casos y los máximos beneficios. Después puede precisarlos conforme a una escala de "probabilidad". Finalmente, el pensamiento de sombrero negro puede señalar las áreas dudosas.

Las oportunidades pueden surgir de la extrapolación del escenario presente hacia el futuro. También surgen "si" tiene lugar algún acontecimiento especial o cambia alguna condición.

—Los precios de los bonos subirán "si" bajan las tasas de interés.

—"Si" baja el precio del combustible, se venderán más automóviles grandes.

Parte de la función especulativa del pensamiento de sombrero amarillo es investigar los posibles cambios "si".

No se trata de que –ni siquiera una vez– las acciones se funden en una exploración del tipo "si" –aunque puede hacer falta tomar medidas defensivas como el retiro de fondos o la supresión del seguro de incendio. El sombrero amarillo, en parte, investiga así.

Parte de la función del sombrero negro también consiste en investigar el "si" en el sentido de riesgo y peligro. La contraparte de esta función, con el sombrero amarillo, consiste en investigar el equivalente positivo del riesgo, que llamamos oportunidad.

—¿En qué condiciones daría ganancias esta cadena de hoteles?

—Si se establecen emisiones vía satélite, ¿qué nuevas oportunidades tendrán los publicistas?

El aspecto especulativo del pensamiento de sombrero amarillo también se ocupa de la *visión*.

Anteriormente me referí al papel que cumplen visión y sueños en el pensamiento de sombrero amarillo. En cierto sentido, la visión va más allá de la especulación, ya que puede establecer un objetivo de cuyo logro hay escasa esperanza.

Todo propósito, todo diseño, implica algún tipo de visión en primer lugar. Tal como un buen vendedor realiza una venta presentando una visión maravillosa que propone al cliente para que la comparta, quien concibe un proyecto se vende a sí mismo una visión positiva de lo que está intentando hacer. Primero viene la visión y después la forma y el detalle. Esta visión incluye los beneficios y la factibilidad del proyecto: se lo puede llevar a cabo y vale la pena hacerlo.

Es muy difícil hacer algo si se carece de cierto sentido de logro y valor.

—Tengo esta visión de un sistema habitacional de bajo coste, y creo que también sé cómo se podría realizar.

—Tengo la visión de un tipo de economía diferente, que manejará riqueza y productividad de otro modo, nuevo.

—Tengo esta visión de la enseñanza del pensamiento como asignatura fundamental en todas las escuelas. Ya ha empezado a concretarse en algunos países.

La excitación y el estímulo que produce una visión supera con mucho el juicio objetivo. Una visión establece una dirección para el pensamiento y para la acción. Éste es otro aspecto del pensamiento de sombrero amarillo.

CAPÍTULO 32

PENSAMIENTO DE SOMBRERO AMARILLO

La relación con la creatividad

Diferencia entre constructivo y creativo.

Eficacia y cambio.

Ideas nuevas e ideas viejas.

El pensamiento de sombrero amarillo no se ocupa en forma directa, de la creatividad. El aspecto creativo del pensamiento es materia específica del pensamiento de sombrero verde, que veremos después de éste.

Es verdad que la creatividad necesita del aspecto positivo del pensamiento de sombrero amarillo. Es verdad que el juicio positivo y el aspecto constructivo del pensamiento de sombrero amarillo son vitales para la creatividad. Sin embargo, los pensamientos de sombrero amarillo y verde son completamente distintos.

Una persona puede ser excelente con el sombrero amarillo y sin embargo carecer totalmente de creatividad. Me parece muy peligroso confundir estos dos sombreros, porque la persona no creativa podría creer que no le cabe ponerse el sombrero.

La creatividad se ocupa del cambio, la innovación, la invención, las nuevas ideas y las nuevas alternativas. Se puede ser excelente con el sombrero amarillo y nunca tener una idea nueva. La aplicación eficaz de ideas viejas constituye un ejercicio adecuado del pensamiento de sombrero amarillo. Las ideas no tienen que ser nuevas y ni siquiera hay que tener la intención de concebir nuevas ideas. El pensamiento de sombrero amarillo se ocupa de la actitud positiva de hacer que el trabajo efectivamente se realice. La eficacia, y no la novedad, es el tema del pensamiento de sombrero amarillo.

En español existe cierta confusión debido al amplio significado de la palabra *creativo*. Hay dos aspectos distintos. El primero se refiere a "originar algo". En este sentido, alguien podría crear, por ejemplo, un gran desorden. Un carpintero crea una silla. Un empresario, un negocio. El segundo aspecto se refiere a la "novedad". Y se genera otra confusión, porque hay dos clases de novedad. El primer aspecto abarca algo que es nuevo en el sentido de que es diferente de lo que había anteriormente; por ejemplo, un sistema de comunicaciones que es nuevo en su oficina aunque puede estar usándose en otras miles. El segundo indica una novedad absoluta, es decir una invención o un concepto hasta ese momento inexistente o desconocido.

Respecto de los artistas, existe algo semejante a un dilema. Por ejemplo, un pintor produce algo que sin duda no existía antes. Como es improbable que esta pintura sea exactamente la misma que una anterior, hay algo "nuevo". Sin embargo, puede no haber ningún concepto nuevo ni nueva percepción en esa pintura. El pintor puede tener un estilo muy definido y aplicarlo a un paisaje tras otro. En cierto sentido, hay una línea de producción dentro de cada estilo particular.

El pensamiento de sombrero amarillo se ocupa intensamente de producir cosas. Puede ocuparse de tomar una idea ya en uso y hacerla funcionar en otro contexto. Puede ocuparse de generar planteos alternativos de un problema. Incluso puede definir oportunidades. Pero el pensamiento de sombrero amarillo no se ocupa de cambiar conceptos o percepciones. Esto corresponde al pensamiento de sombrero verde.

La disposición a observar algo de manera positiva puede crear por sí misma una nueva percepción, y esto puede ocurrir con el pensamiento de sombrero amarillo.

—Ese vaso no está vacío hasta la mitad, sino que está lleno de whisky hasta la mitad.

Tal como el pensamiento de sombrero negro puede detectar un error y dejarlo al pensamiento de sombrero amarillo para que lo corrija, así también este último puede definir una oportunidad y dejarla en manos del pensamiento de sombrero verde para éste halle un modo novedoso de aprovecharla.

—Más y más gente necesita aparcar en las ciudades. ¿De qué modo nos podemos beneficiar con esto?

—Podríamos subir los precios de las habitaciones si pudiéramos atraer a este hotel más personas que realizan viajes de negocios. ¿Cómo podríamos hacerlo? Pensemos las ideas de costumbre y después pongámonos el sombrero verde para hallar algunas ideas nuevas.

CAPÍTULO 33

RESUMEN DEL PENSAMIENTO DE SOMBRERO AMARILLO

EL PENSAMIENTO DE SOMBRERO AMARILLO es positivo y constructivo. El color amarillo simboliza el brillo del sol, la luminosidad y el optimismo.

El pensamiento de sombrero amarillo se ocupa de la evaluación positiva del mismo modo que el pensamiento de sombrero negro se ocupa de la evaluación negativa.

El pensamiento de sombrero amarillo abarca un espectro positivo que va desde el aspecto lógico y práctico hasta los sueños, visiones y esperanzas.

El pensamiento de sombrero amarillo indaga y explora en busca de valor y beneficio. Después procura encontrar respaldo lógico para este valor y beneficio. El pensamiento de sombrero amarillo trata de manifestar un optimismo bien fundado, pero no se limita a esto, a menos que se califiquen adecuadamente otros tipos de optimismo.

El pensamiento de sombrero amarillo es constructivo y generativo. De él surgen propuestas concretas y sugerencias. Se ocupa de la operabilidad y de hacer que las cosas ocurran. La eficacia es el objetivo del pensamiento constructivo de sombrero amarillo.

El pensamiento de sombrero amarillo puede ser especulativo y buscador de oportunidades. Permite, además, visiones y sueños.

El pensamiento de sombrero amarillo no se ocupa de la mera euforia positiva (sombrero rojo) ni tampoco, directamente, de la creación de ideas nuevas (sombrero verde).

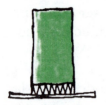

CAPÍTULO 34

EL SOMBRERO VERDE

Pensamiento creativo y lateral

Nuevas ideas, nuevos conceptos y nuevas percepciones.

La creación deliberada de ideas nuevas.

Más y más alternativas.

Cambio.

Nuevo planteo de los problemas.

El verde es el color de la fertilidad, del crecimiento y de las plantas que crecen de pequeñas semillas. Por esta razón lo elegí para el sombrero de pensar que se ocupa especialmente de la creatividad. La abundante creatividad de la naturaleza es una útil imagen de fondo.

El sombrero verde para pensar se ocupa específicamente de ideas nuevas y de nuevas formas de enfocar las cosas. El pensamiento de sombrero verde se ocupa de desechar las ideas viejas para encontrar otras mejores. Se ocupa del cambio. Es un esfuerzo deliberado y concentrado en esta dirección.

—Busquemos ideas nuevas al respecto. Pónganse los sombreros verdes.

—Estamos atascados. Seguimos girando en torno de las mismas ideas. Necesitamos urgentemente un planteo nuevo. Ha llegado el momento de pensar conscientemente con el sombrero verde. Adelante.

—Ha presentado los enfoques tradicionales del problema. Volveremos a ellos. Pero primero tengamos diez minutos de pensamiento de sombrero verde, a ver si se nos ocurre un planteo nuevo.

—Esto exige una solución de sombrero verde.

Necesitamos creatividad; nada nos ha resultado hasta ahora.

Necesitamos creatividad, porque creemos que las cosas se pueden hacer de un modo más sencillo o mejor.

La urgencia por hacer mejor las cosas debería ser el trasfondo de todo nuestro pensamiento. En ocasiones, sin embargo, necesitamos usar la creatividad de modo deliberado y concentrado. El truco del sombrero verde nos permite pasar al rol creativo tal como el sombrero rojo nos permite pasar al rol del "sentimiento" y el negro al rol negativo.

Es posible que, de hecho, haya más necesidad de sombrero verde que de ningún otro sombrero. Durante el ejercicio del pensamiento creador, posiblemente haga falta lanzar ideas provocativas deliberadamente ilógicas. Por lo tanto necesitamos un modo de dejar en claro que estamos desempeñando el papel de bufón o de payaso, en forma deliberada, para hacer surgir nuevos conceptos. Aunque no sean provocaciones, las ideas nuevas son brotes delicados que necesitan el sombrero verde para protegerse del instantáneo congelamiento a que las pueden someter las costumbres del sombrero negro.

Como he señalado más de una vez, el valor de *señal* de los seis sombreros para pensar tiene varios aspectos. Puedes *pedir* que alguien se ponga uno de los sombreros y trate de pensar del modo correspondiente. Puedes *indicar* que un cierto tipo de pensamiento parece deseable. Puedes *señalar* a otros que estás tratando de pensar de un modo preciso y por lo tanto los demás deberían tratar tu contribución del modo adecuado. Uno de los aspectos más importantes es que te puedes *hacer señales a ti mismo*. Esto tiene especial importancia con el sombrero verde. Te lo pones deliberadamente y esto significa que estás reservando tiempo para dedicarlo al pensamiento creativo deliberado. Esto es totalmente distinto de sólo esperar que las ideas se te ocurran. Puede que no tengas ninguna idea nueva mientras usas el sombrero verde, pero has hecho el esfuerzo. A medida que vayas mejorando en pensamiento creativo deliberado, verás que aumenta la cosecha de ideas. De este modo, el sombrero verde convierte al pensamiento creativo en parte formal del proceso del pensamiento; el pensamiento creativo deja de ser un lujo.

Para la mayoría de las personas el idioma del pensamiento creativo resulta difícil porque es opuesto a los hábitos naturales de reconocimiento, juicio y crítica. El cerebro está diseñado como una "máquina de reconocimiento". Está diseñado para establecer pautas, usarlas y condenar todo lo que no "encaje" en estas pautas. A la mayoría de los pensadores les gusta estar seguros. Les gusta tener razón. La creatividad implica provocación, exploración y riesgo. Implica "experimentos de pensamiento". No se puede predecir el resultado del experimento. Pero uno quiere poder llevarlo a cabo.

—Recuerde, me he puesto el sombrero verde y por lo tanto puedo decir este tipo de cosas. Para esto sirve el sombrero verde.

—Creí que se suponía que debíamos ponernos el sombrero verde. Estamos siendo demasiado negativos. ¿Esto no corresponde al modo de pensar negro?

—Mi contribución de sombrero verde es sugerir que se pague a quienes pasan mucho tiempo en prisión una suma de dinero razonable en el momento de dejarlos en libertad. Esto podría ayudarlos a insertarse nuevamente en la sociedad, darles algo que perder e impedir que tengan que volver al crimen. Si quieren consideren esto como una provocación.

—Bajo la protección del sombrero verde, quiero sugerir que se despida a los vendedores.

El sombrero verde, por sí mismo, no puede hacer que la gente sea más creativa. Puede, sin embargo, dar a los pensadores el tiempo y el "foco" para serlo. Si uno pasa más tiempo buscando alternativas, es probable que encuentre más. Muy a menudo las personas creativas sólo son personas que pasan más tiempo *intentando* serlo porque la creatividad los motiva. El recurso del sombrero verde permite una especie de motivación artificial. Es difícil motivar a alguien para que sea creativo, pero fácilmente se le puede pedir que se ponga el sombrero verde y dé un aporte de sombrero verde.

La creatividad es más que un mero ser positivo y optimista. Los sentimientos positivos y optimistas encajan bajo el sombrero rojo. La evaluación positiva, bajo el sombrero amarillo. El pensamiento de sombrero verde exige verdaderas ideas nuevas, nuevas propuestas y más alternativas.

Del pensamiento de sombrero blanco esperamos un aporte preciso de información neutral y objetiva. Del negro, algo de crítica específica. Del amarillo nos gustaría obtener comentarios positivos, pero puede que esto no siempre sea posible. Del rojo, esperamos un informe sobre los sentimientos involucrados aun cuando éstos sean neutrales. Del pensamiento de sombrero verde, sin embargo, no podemos *exigir* un aporte. Podemos exigir un esfuerzo. Podemos exigir que se reserve tiempo para generar nuevas ideas. Aun así, es posible que al pensador no se le ocurra nada nuevo. Lo importante es que se ha dedicado tiempo al esfuerzo.

Uno no puede ordenarse a sí mismo (o a otros) tener una idea nueva, pero sí puede ordenarse a uno mismo (o a otros) dedicar tiempo a intentarlo. El sombrero verde es un modo formal de hacerlo.

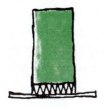

CAPÍTULO 35

PENSAMIENTO DE SOMBRERO VERDE

Pensamiento lateral

El pensamiento lateral y su relación con la creatividad.

El humor y el pensamiento lateral.

El cambio de pautas en un sistema de información que se organiza a sí mismo.

Al escribir sobre el pensamiento de sombrero verde, he utilizado la palabra *creatividad* porque es la palabra de uso general. Muchos lectores de este libro nunca habrán oído hablar de mí o de mi concepto de pensamiento lateral.

Quiero también señalar que el pensamiento de sombrero verde abarca un amplñio rango de empresas creativas o creadoras; no se limita al pensamiento lateral en sí.

En 1967 inventé la expresión *pensamiento lateral,* y en la actualidad forma parte oficialmente del idioma inglés; el *Oxford English Dictionary* registra mi invención del término.

Fue necesario inventar la expresión *pensamiento lateral* por dos razones. La primera razón es el muy amplio y de alguna manera vago significado de la palabra *creativo,* tal como lo señalé a propósito del pensamiento de sombrero amarillo. La palabra creatividad parece abarcar todo, desde crear confusión hasta crear una sinfonía. El pensamiento lateral se ocupa específicamente de los conceptos y percepciones cambiantes; éstos son organizaciones históricamente determinadas (pautas) de experiencia.

La segunda razón es que el pensamiento lateral se basa directamente en sistemas activos de información que se organizan a sí mismos. El pensamiento lateral consiste en *cambiar de pautas en un sistema asimétrico de formación de pautas*. Sé que esto suena muy técnico, y no hace falta entender la base técnica del pensamiento lateral para utilizar sus técnicas. Sin embargo, para quienes quieran saber en qué se funda, ésta es la base técnica. Tal como el pensamiento lógico se basa en el comportamiento del lenguaje simbólico (un universo particular), el pensamiento lateral se basa en el comportamiento de los sistemas de formación de pautas (también un universo particular).

Existe una relación muy estrecha, por cierto, entre los mecanismos del humor y los del pensamiento lateral. Ambos dependen de la naturaleza asimétrica de las pautas de percepción. Ésta es la base del salto o discernimiento súbito después del cual algo se vuelve obvio.

Las técnicas deliberadas del pensamiento lateral (varias formas de provocación y "movimiento") se basan directamente en el comportamiento de los sistemas de formación de pautas. Las técnicas están diseñadas para ayudar al pensador a soslayar las pautas en vez de limitarse a seguirlas. El pensador soslaya pautas, da en una nueva y, cuando esto parece tener sentido, acontece el efecto "eureka".

Gran parte de nuestra cultura está orientada hacia el pensamiento en tanto "procesador". Para esto hemos desarrollado sistemas excelentes, que incluyen matemáticas, estadística, procesamiento de datos, lenguaje y lógica. Pero todos estos sistemas de procesamiento sólo pueden trabajar con las palabras, símbolos y relaciones que proporciona la percepción. La percepción reduce a estas formas el complejo mundo que nos rodea. En esta área de la percepción trabaja el pensamiento lateral, que pone a prueba y altera las pautas establecidas.

El pensamiento lateral involucra actitudes, expresiones, pasos y técnicas. He escrito mucho al respecto (*El pensamiento lateral* y *Pensamiento lateral para dirección de empresas*). Este libro no es el lugar indicado para volver sobre el tema.

Sin embargo, más adelante me ocuparé de algunos puntos fundamentales del pensamiento lateral, ya que éstos son también fundamentales para el ejercicio del pensamiento de sombrero verde.

CAPÍTULO 36

PENSAMIENTO DE SOMBRERO VERDE

Movimiento en lugar de juicio

El uso de una idea como un punto de paso.

¿A dónde me lleva esto?

El efecto prospectivo de una idea.

En el pensamiento normal utilizamos el *juicio*. ¿Cómo calza esta idea con lo que ya conozco? ¿Cómo calza con mis pautas habituales de experiencia? Opinamos que en efecto concuerda o señalamos por qué no. Al pensamiento crítico y al modo de pensar negro les incumbe directamente juzgar si una sugerencia concuerda con lo que ya sabemos.

A esto podemos llamarlo el *efecto retrospectivo* de una idea. Miramos hacia atrás y observamos nuestra experiencia pasada para evaluar la idea. Así como una descripción tiene que corresponder a lo que se está describiendo, también esperamos que las ideas concuerden con nuestro conocimiento. ¿De qué otra manera podríamos decir si son correctas?

Para la mayor parte de lo que pensamos, el juicio es vital (tanto de sombrero amarillo como de sombrero negro). Sin el juicio no podríamos hacer nada. Con el pensamiento de sombrero verde, sin embargo, debemos utilizar un idioma diferente. Reemplazamos el juicio por el *movimiento*.

El movimiento es una expresión clave del pensamiento lateral. Es otro término que acuñé. Quiero que quede completamente claro que el movimiento *no* es sólo una ausencia de juicio. Muchos enfoques anteriores del pensamiento creativo hablan de posponer, suspender o demorar el juicio. Creo que esto no es bastante. En realidad no dice qué hacer al pensador, sólo qué no hacer.

El movimiento es una expresión activa. Utilizamos una idea por su *valor de movimiento*. Hay distintos modos voluntarios de obtener movimiento de una idea; entre ellos: extraer el principio, concentrarse en la diferencia, etc.

Con el movimiento usamos una idea por su *efecto prospectivo*. La usamos para ver a dónde nos va a conducir. En efecto, utilizamos una idea para avanzar. Tal como utilizamos piedras de paso para atravesar un río de una orilla a la otra, utilizamos una provocación para pasar de una pauta a otra.

Como veremos más adelante, la provocación y el movimiento van juntos. Sin el idioma del movimiento, no podemos usar la provocación. A menos que utilicemos la provocación, quedamos atrapados en las pautas pasadas.

—Quiero que use esta idea por su valor de movimiento, no por su valor de juicio. Suponga que todos se convierten en policías.

Una "provocación" de este tipo llevó al concepto de "vigilancia a cargo del barrio", que expliqué con claridad en el artículo de tapa de la *New York Magazine* en abril de 1971. Actualmente el concepto se utiliza en 20.000 comunidades de los Estados Unidos. La idea es que los ciudadanos actúen como ojos y oídos adicionales de la policía para la prevención y detección del crimen en el barrio. Se dice que los crímenes han disminuido en forma significativa en las zonas donde se usa esta idea.

—Suponga que hiciéramos hamburguesas cuadradas. ¿Qué movimiento puede obtener de esta idea?

—Suponga que hubiera pólizas de seguro transferibles que las personas podrían venderse entre sí. Use el sombrero verde con esta idea.

Esto podría llevar a la idea de que el seguro en realidad es transferible. Entonces se clasificaría a las personas según el riesgo. Si usted fuera una persona de riesgo tipo AAA, obtendría ciertos beneficios de la póliza de seguro universal. Si fuera sólo del tipo AA, obtendría una cantidad menor de beneficios.

A veces tomamos una idea, la usamos como piedra de paso, y terminamos adoptando otra idea completamente distinta. Tan sólo extraemos algún principio de la piedra de paso y luego lo aplicamos. Otras veces conservamos una idea "en forma de semilla o de brote" y la alimentamos hasta que crece y se convierte en una planta fuerte. También puede ser cuestión de tomar una idea indefinida y darle forma hasta convertirla en algo concreto y práctico. Todos estos son aspectos del movimiento. El punto clave que debemos recordar es que *avanzamos* con una idea o a partir de una idea.

—Considere la siguiente sugerencia: todo el que quiera ser promovido debe usar camisa o blusa amarilla. Póngase el sombrero verde y dígame a dónde lo lleva esta idea.

—Me lleva a pensar en la auto-imagen de la persona que elige usar camisa amarilla. Tiene que vivir de acuerdo con esa imagen.

—Me lleva a pensar en un modo de reconocer a las personas ambiciosas pero que no serían reconocidas por su talento. Posiblemente tendría más sentido preparar a la gente ambiciosa para que adquiriera las habilidades necesarias.

—Me lleva a pensar en las reglas del juego. La camisa amarilla sería una regla precisa del juego de la promoción y todos la conocerían. ¿Cuántos empleados saben lo que deben hacer para que los promuevan?

—Me lleva a pensar en los que no quieren que los promuevan. Pueden demostrarlo si no usan la camisa amarilla. Sólo quieren conservar el empleo.

—Me lleva a pensar en un modo de detectar líderes. Una persona necesita estar muy segura de su posición entre los que lo rodean antes de arriesgarse a usar la camisa amarilla.

De este tipo de movimiento pueden surgir muchas ideas útiles. En realidad, ninguna de éstas necesita recurrir a la camisa amarilla como tal.

—Sugiero trabajar los sábados y tener un descanso en la mitad de la semana, los miércoles. ¿Quieren usar el sombrero verde con esta propuesta?

—Como nadie quiere trabajar durante el turno del fin de semana, se sugiere que empleemos un grupo de trabajadores permanente, y distinto, para sábados y domingos. Parece una idea impracticable, pero trabájenla con los sombreros verdes.

Se probó esta última idea y, de hecho, funcionó con mucho éxito. El considerarla con el sombrero verde la hizo lo suficientemente atractiva como para probarla (en este caso específico el pensamiento de sombrero amarillo podría haber logrado lo mismo).

El movimiento debería ir mucho más allá de la evaluación positiva de una idea. El movimiento es un proceso dinámico, no de envejecimiento.

¿Qué es lo interesante de esta idea? ¿Qué tiene de diferente? ¿Qué sugiere esta idea? ¿A qué conduce? Estas preguntas forman parte del idioma del movimiento.

El punto clave a recordar es que en el pensamiento de sombrero verde el idioma del movimiento reemplaza por completo al idioma que enjuicia.

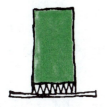

CAPÍTULO 37

PENSAMIENTO DE SOMBRERO VERDE

La necesidad de provocar

El uso de la palabra OP.

La lógica del absurdo.

Provocación al azar.

Siempre se redactan los descubrimientos científicos como si se hubieran realizado paso a paso, de manera lógica. Algunas veces esto es lo que en efecto ocurrió. Otras veces, la lógica paso por paso es sólo un disfraz retrospectivo de lo que realmente sucedió. Hubo un error o accidente imprevisto que proporcionó la provocación que generó la idea nueva. Los antibióticos surgieron de la contaminación accidental de un cultivo con el moho de la penicilina. Dicen que Colón se atrevió a cruzar el Atlántico sólo porque un antiguo tratado lo indujo a equivocarse en el cálculo de la distancia existente alrededor del globo.

La naturaleza ofrece esas provocaciones. No se las puede buscar, porque no ocurren en el pensamiento habitual. Su rol es sacar al pensamiento de las pautas usuales.

La lógica de las provocaciones surge directamente de la lógica de los sistemas asimétricos de formación de pautas (ver *OP: Más allá del Sí y del No*).

Podemos sentamos a esperar provocaciones o podemos decidir producirlas deliberadamente. Esto sucede con el pensamiento lateral. La habilidad para utilizar provocaciones es una parte esencial del pensamiento lateral.

En la sección anterior observamos el idioma del movimiento. Así utilizamos las provocaciones. Las usamos por su valor de movimiento. Podemos tratar ahora el modo en que las ponemos en marcha.

Hace muchos años, inventé la palabra "OP" como indicador simbólico de que se está exponiendo una idea *como provocación y por su valor de movimiento*. La expresión proviene de "Provocative Operation" (operación provocadora).

Op actúa como una especie de bandera blanca de tregua. El matar a una persona que se acerca a un castillo agitando una bandera blanca, sería no seguir las reglas del juego. Del mismo modo, no se respeta el juego si se aniquila, con el juicio del sombrero negro, una idea que se expone bajo la protección del OP.

En cierto modo –como dije antes– la palabra OP actúa igual que el truco del sombrero verde. La persona que usa el sombrero verde está autorizada a exponer ideas "locas". El sombrero verde abarca un espectro más amplio que el OP, aunque este último es más específico. Por lo tanto, lo mejor es valerse de ambos.

—Los coches OP deberían tener volante cuadrado.

—Los aviones OP deberían aterrizar patas arriba.

—Los compradores OP deberían recibir un pago por comprar cosas.

—Los ejecutivos OP deberían autopromoverse.

—Una fábrica OP que contamina un río debería situarse río abajo.

Esta última provocación conduce a la idea de convertir en ley el que cualquier fábrica construida a orillas de un río debe tener la entrada de agua más abajo, en el río, que su propia salida de agua. De este modo, la fábrica sería la primera en verificar su propia contaminación.

Asimismo, la palabra OP puede considerarse un emergente de términos tales como hi*pó*tesis, su*po*sición, *po*sibilidad e incluso *po*esía. En todas ellas, se expone una idea por su efecto promotor –para provocar algo.

Por definición, una idea absurda o ilógica no puede existir dentro de nuestra experiencia cotidiana. En consecuencia, la idea se encuentra fuera de cualquier pauta existente. En tal sentido, una provocación nos obliga a salir de las pautas habituales de percepción. En tanto avanzamos a partir de una provocación, tres cosas podrían suceder. Podríamos ser incapaces de realizar movimiento alguno. Podríamos regresar a la pauta habitual. Podríamos situarnos en pautas nuevas.

Así como existen métodos formales para lograr movimiento a partir de una idea, existen también modos formales para plantear provocaciones. Estos proporcionan las técnicas voluntarias del pensamiento lateral.

Por ejemplo, la *inversión* es un modo simple de lograr la provocación. Uno expone la forma en que algo sucede normalmente, y luego lo invierte o lo enfrenta a sí mismo.

—Los compradores comúnente pagan la mercadería que compran. Invertimos. OP. El comerciante paga a los clientes.

—Esto podría llevar a pensar en la idea de la estampilla (o sello) comercial por la que, en efecto, se terminaba pagando a los compradores una pequeña suma por la compra.

—Esto podría llevar a la idea de que las cajas se preparen de modo que por cada mil dólares de ingreso, desembolsen una suma determinada de dinero.

Las provocaciones no tienen que ser absurdas o ilógicas. Es factible considerar ideas muy serias como provocaciones. Si alguien nos propone una idea que no nos agrada y que podríamos desechar instantáneamente con el sombrero negro, podríamos, en cambio, ponernos el sombrero verde y optar por considerarla como *provocación*. Siempre es posible optar así.

—No veo cómo su idea de un comercio "con sistema de cortesía" podría funcionar sin padecer fácilmente de abusos. Pero me voy a poner el sombrero verde y la trataré como una provocación. Esto nos conduce a la idea de gente que suma sus propias cuentas con cheques al azar. Probablemente, los errores se van a equilibrar en ambas direcciones.

Un modo muy sencillo de obtener provocaciones es utilizar una palabra al azar. Se puede pensar en la página de un diccionario y luego abrirlo en esa página. Luego, pensar un segundo número para hallar la posición de la palabra en la página. Por ejemplo, se podría pensar en la página 92 y en la octava palabra hacia abajo. Los sustantivos son más fáciles de usar que otra clase de palabras. El uso de una lista de sustantivos corrientes resulta mucho más simple que un diccionario.

Supongamos que buscamos una idea nueva relacionada con cigarros. La palabra elegida al azar resulta ser *rana*.

—Así, tenemos un cigarro OP de rana. Una rana sugiere salto, por lo que podríamos tener un cigarro que se apague solo al poco tiempo. Esto podría ser de utilidad para prevenir incendios. También podría permitir que los fumadores den algunas pitadas y continúen el cigarro más tarde. Esto, a su vez, llevaría a una nueva marca llamada "shorts" (breves), que serían efectivamente muy breves y sólo permitirían fumar por dos o tres minutos.

—Deseo algunas ideas relacionadas con aparatos de televisión. La palabra al azar es queso. Televisión OP de queso, entonces. El queso tiene agujeros. La televisión OP tiene agujeros. ¿Qué significaría esto? Tal vez podría haber "ventanas" que mostraran qué hay de interesante en otros canales.*

Con lógica, *antes* de decir algo debe haber siempre una razón para decirlo. Con una provocación, puede no haber una razón para decir algo hasta *después* de haberlo dicho. La provocación conlleva un efecto y es el valor de dicho efecto lo que justifica la provocación.

A muchas personas les puede parecer inconcebible que una palabra elegida al azar pueda valer para solucionar un problema.

La definición de azar implica que la palabra no tiene relación específica alguna. Sin embargo, en la lógica de un sistema asimétrico de pautas es fácil detectar por qué funcio-

---

* De hecho, esta Idea OP ha sido puesta en práctica. Hoy existen televisores con el sistema de ventanas y canales de transmisión por cable, que ofrecen el servicio. (N. del E.)

na una palabra casual. Ofrece un punto de partida diferente. Mientras repasamos el camino desde el nuevo punto de partida, aumentamos la posibilidad de llegar a un camino que nunca habríamos seguido si hubiéramos pensado directamente en el tema.

Tal como el movimiento es parte del idioma básico del pensamiento de sombrero verde, también lo es la provocación. Si estás en Francia, hablas francés; si usas el sombrero verde, usas la provocación y el movimiento: la gramática de la creatividad.

PENSAMIENTO DE SOMBRERO VERDE

Alternativas

Satisfecho con demasiada facilidad.

Rutas, opciones y elecciones.

Niveles de alternativa.

En matemáticas de nivel escolar se resuelve una suma y se obtiene la respuesta. Y se pasa a la próxima suma. No tiene sentido gastar más tiempo en la primera suma porque ya se obtuvo la respuesta correcta y no podría lograrse una mejor.

Muchas personas trasladan ese modo de pensar a su vida. Dejan de pensar apenas obtienen la solución de un problema. Quedan satisfechos con la primera respuesta que surge. La vida real es, no obstante, muy diferente de las sumas escolares. Por lo general, hay más de una respuesta. Algunas respuestas son mucho mejores que otras: cuestan menos, son más confiables y más fáciles de implementar. No hay razón alguna para suponer que la *primera* respuesta debe ser la mejor. Si el tiempo es muy breve y hay muchos problemas pendientes, habría una justificación para quedar satisfechos con la primera respuesta, pero no en otras circunstancias. ¿Nos gustaría acaso que el médico se conformara con lo primero que pasara por su mente y luego dejara de pensar en nuestra enfermedad?

Así pues, reconocemos la primera respuesta y advertimos que siempre podemos volver a ella. Luego, partimos en busca de alternativas. Empezamos a buscar otras soluciones. Cuando contamos con cierta cantidad de alternativas, podemos elegir, determinando cuál es la que mejor se adapta a nuestras necesidades y recursos.

Podemos contar con un modo perfectamente adecuado de hacer algo, pero ello no significa que no podemos tener uno mejor. Por lo tanto, nos empeñamos en hallar un camino alternativo. Ésta es la base de todo perfeccionamiento que no constituya corrección de errores o solución de problemas.

Hasta ahora, en este capítulo hemos tratado ejemplos en los que ya teníamos un modo de realizar las cosas. Nuestra búsqueda de alternativas es verdaderamente la búsqueda de un camino mejor. Pero hay ocasiones en que no contamos con un modo de proceder.

Cuando planificamos un viaje, establecemos rutas alternativas. Una vez completo el mapa mental de una situación, buscamos rutas alternativas hacia nuestro destino.

La noción de alternativa sugiere que, por lo general, existe más de un modo de hacer las cosas, más de una forma de mirar las cosas.

La aceptación de la posible existencia de alternativas y la búsqueda de las mismas son elementos fundamentales del pensamiento y apuntan al hallazgo de nuevas alternativas.

El deseo de buscar alternativas (de percepción, explicación, acción) es parte clave del pensamiento de sombrero verde.

—Acaba de subir el precio del periódico de la competencia. Pónganse el sombrero verde y enumeren todas las alternativas.

—Recibimos una advertencia que declara que si no abonamos una gran suma de dinero, nuestros productos serán envenenados en los almacenes. Examinemos cuidadosamente las opciones obvias que se presentan, y luego pongámonos el sombrero verde para encontrar otras.

La búsqueda de alternativas implica una actitud creativa: el reconocimiento de que existen diversos planteos. La verdadera búsqueda de alternativas puede no requerir creatividad alguna hasta tanto las alternativas obvias no se hayan expuesto. Simplemente, puede ser cuestión de centrar la atención en el tema y enumerar los modos conocidos de encararlo. Esto no es suficiente. Tal como necesitamos un esfuerzo para ir más allá de la primera solución, deberíamos también hacer un esfuerzo creativo para ir más allá del conjunto obvio de alternativas. Hablando en términos estrictos, tal vez sólo necesitemos del pensamiento de sombrero verde para llevar a cabo esta búsqueda adicional. La primera etapa de la búsqueda podría encuadrarse incluso en el pensamiento de sombrero blanco: "examinar los enfoques que se utilizan en situaciones tales". En la práctica, conviene más colocar todo el conjunto de alternativas en el pensamiento de sombrero verde.

En la capacitación empresarial se pone mucho énfasis sobre la toma de decisiones. No obstante, la calidad de una decisión depende mucho de las alternativas disponibles.

—Vamos a decidir el lugar para el campamento de estas vacaciones. Pongámonos el sombrero verde y examinemos las alternativas posibles. Más tarde podremos restringirlas.

—¿Cómo distribuiremos estos ordenadores? ¿Cuáles son las estrategias alternativas?

Mucha gente cree que el rastreo lógico cubre todas las alternativas. Éste podría ser el caso en un sistema cerrado, pero raramente es así en la vida real.

—Hay sólo tres alternativas posibles. Podemos mantener el precio. Podemos bajarlo. O podemos subirlo. No se puede hacer nada más.

Es verdad que cualquier acción posible en cuanto al tema precios, al fin y al cabo debe encasillarse en cualquiera de estas tres opciones. Sin embargo, existe un número considerable de variantes. Podemos bajar el precio más adelante (¿cuánto tiempo después?). Podemos bajar el precio de algunos de los productos. Podemos cambiar el producto y fabricar uno de bajo precio. Podemos cambiar la promoción del producto para justificar un precio más alto (manteniendo el precio o aumentándolo). Podríamos bajar el precio por un tiempo y, más tarde, volver a subirlo. Podríamos no tocar el precio y ofrecer descuentos especiales. Podríamos bajar el precio y luego cobrar un adicional por opcionales. Una vez que hayamos tenido en cuenta dichas opciones (y habría más, muchas más), podríamos, en efecto, clasificarlas en una de las tres alternativas. Pero el listado de las tres opciones no genera, por sí mismo, todas esas alternativas.

Es un error muy frecuente de los pensadores rígidos perfilar categorías alternativas principales y no ir más allá.

—Lo que en verdad deseo es subir y bajar los precios al mismo tiempo. Produciremos una línea de productos de bajo precio y otra de primera calidad y precio elevado.

Hay diversos niveles de alternativas. Tengo tiempo libre. ¿Qué hago con él? Podría irme de vacaciones. Podría hacer un curso. Podría dedicarme al jardín. Podría ponerme al día con algún trabajo.

Decido irme de vacaciones. Entonces pasamos al próximo nivel. ¿Qué tipo de vacaciones quiero? Podrían ser vacaciones de mar y playa. Podría ser un crucero. Podrían ser vacaciones deportivas. Me he decidido por las de mar y playa. Vamos al nivel siguiente. ¿Adónde voy? Podría ir al Mediterráneo. Podría ir al Caribe. Podrían ser las islas del Pacífico. Luego será cuestión de elegir el medio de transporte y el lugar de hospedaje.

Siempre que buscamos alternativas, lo hacemos dentro de un marco aceptado que determina el nivel. En general, deseamos permanecer dentro de dicho marco.

—Te pedí diseños alternativos para el mango de un paraguas y me entregaste el diseño de una gabardina. En ciertas circunstancias, es necesario desafiar el marco y subir a un nivel superior.

—Me pidieron que propusiera formas alternativas de cargar camiones. Les voy a decir que sería más sensato enviar los productos por tren.

—Me pidieron que sugiriera los medios para la campaña publicitaria. Les voy a decir que sería mejor invertir ese dinero en relaciones públicas.

De vez en cuando, debes desafiar las estructuras por todos los medios y cambiar de niveles. Pero prepárate también para crear alternativas dentro de un nivel específico. La creatividad no es tal cuando la gente creativa siempre propone la resolución de un problema desde el nivel ya propuesto. Se trata de un verdadero dilema: cuándo actuar dentro del marco dado y cuándo salirse del marco.

Llegamos ahora a lo que podría constituir el punto crucial de toda la creatividad: la pausa creativa. La pausa creativa no se presentará a menos que decidamos convocarla.

Algo se está desarrollando perfectamente. Hemos buscado alternativas en los puntos obvios. Hemos examinado las diversas aproximaciones a los problemas. ¿Qué más podemos esperar de la creatividad?

Una vez pasé diez minutos intentando apagar un despertador que, en realidad, no estaba sonando. No me había detenido a pensar que el ruido podría provenir del otro despertador.

La pausa creativa surge cuando decimos: "No hay una razón aparente para que me detenga en este punto a considerar alternativas. Pero lo voy a hacer".

En general, estamos tan orientados a los problemas que cuando no los hay preferimos seguir y no detenernos y crearnos más trabajo mental.

—No quiero que pienses que aquí tenemos problemas, porque no es así. Pero me gustaría que te pusieras el sombrero verde y hagas una breve pausa creativa respecto de nuestra costumbre habitual de pintar los automóviles antes de venderlos.

—Hagamos una pausa de pensamiento verde sobre este punto; a los vendedores se les da comisión por las ventas realizadas.

—Pensemos en el volante de un automóvil. Hace bien su trabajo. Tomémonos un respiro con el sombrero verde.

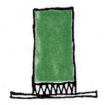

CAPÍTULO 39

PENSAMIENTO DE SOMBRERO VERDE

Personalidad y habilidad

La creatividad: ¿cuestión de habilidad, talento o personalidad?

Cambiar de máscara es más fácil que cambiar de cara.

Orgullo en el ejercicio de las habilidades.

A menudo me preguntan si la creatividad es cuestión de habilidad, talento o personalidad. La respuesta correcta es que puede ser las tres cosas. Pero yo no doy esa respuesta. Si no hacemos ningún esfuerzo para desarrollar la habilidad de la creatividad, *puede* tratarse *sólo* de talento o personalidad. La gente se inclina muy fácilmente a pensar que la creatividad es cuestión de talento o personalidad y, como no cuenta con estos elementos, deja la creatividad en manos de otros. Por esto pongo énfasis en el desarrollo deliberado de la habilidad de pensar creativamente (por ejemplo, por medio de técnicas del pensamiento lateral). Luego señalo que ciertas personas serán mejores que otras en el tema, así como las hay mejores en la práctica de tenis o del esquí, aunque la mayoría puede alcanzar un nivel aceptable.

No me agrada la idea de la creatividad como un don especial. Prefiero pensar que es una parte normal y necesaria del pensamiento de cada uno. Todos no vamos a ser genios, pero no todas las personas que juegan tenis esperan ganar en Wimbledon.

Siempre me hablan de personas que, por naturaleza, son pensadores de sombrero negro. Parece que se deleitaran destruyendo ideas o sugerencias de cambio. Me preguntan si es posible suavizar la personalidad de esas personas. Me preguntan si podrían tolerar la creatividad, aun cuando jamás la apliquen por sí mismos.

No creo que sea factible cambiar la personalidad. Creo firmemente que si se enseña a una persona la "lógica" de la creatividad, puede producirse un efecto en su actitud en cuanto a la creatividad. En mi experiencia cuento con varios ejemplos al respecto. La propuesta más practica es adoptar el idioma del sombrero verde.

—Cuando usas el sombrero negro, haces un trabajo estupendo. No pretendo desmerecer tu eficacia crítica. ¿Pero qué pasaría con el sombrero verde? Veamos qué puedes hacer con él.

—Tal vez prefieras un solo sombrero. Quizás no seas polifacético. Tal vez sólo puedas cantar una canción. Quizás tengas que seguir siendo el especialista en negatividad. Entonces sólo te incorporaremos al debate cuando se necesite pensamiento de sombrero negro.

A nadie le gusta que lo consideren parcial. Un pensador que se destaca con el sombrero negro también desearía que lo consideraran por lo menos tolerable con el verde.

La evidente brecha entre los sombreros verde y negro significa que el experto de sombrero negro no cree que necesite reducir su negatividad para ser creativo. Cuando está siendo negativo puede ser tan netamente negativo como antes (contraponga esto al intento de cambiar la personalidad).

Las máscaras de la tragedia y la comedia son distintas. El actor no cambia. Representa a fondo cada papel según la máscara que use. De hecho, se enorgullece de ser capaz de hacer tanto comedia como tragedia. Se enorgullece de su habilidad como actor.

Exactamente de igual modo, un pensador necesita enorgullecerse de su habilidad de pensamiento. Esto involucra la capacidad de usar cada uno de los seis sombreros para pensar y llevar a término el pensamiento adecuado en cada caso. En este libro ya mencioné este punto. Lo repito nuevamente aquí a raíz del problema práctico de tratar con una personalidad negativa.

—En este momento estamos pensando con el sombrero verde. Si no puedes hacerlo, quédate callado un momento.

—Por lo menos puedes tratar de usar el sombrero verde. Nunca le tendrás confianza si ni siquiera lo intentas.

El pensamiento creativo se halla, en general, en una posición débil, porque no parece parte esencial del pensamiento. La formalidad del sombrero verde junto a los otros aspectos, colabora a que se lo reconozca como parte del pensamiento.

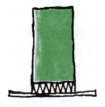

CAPÍTULO 40

PENSAMIENTO DE SOMBRERO VERDE

¿Qué sucede a las ideas?

¿Qué ocurre luego?

La conformación y adaptación de las ideas.

El manager de conceptos.

Uno de los aspectos más débiles de la creatividad es la "cosecha" de ideas. He presenciado varias reuniones en las que surgían muchas ideas interesantes. Sin embargo, en el momento de presentar el informe, la mayoría de aquellas ideas no eran rescatadas o advertidas por quienes habían participado en la reunión.

Tendemos a buscar únicamente la sagaz solución final. Ignoramos todo lo demás. Aparte de esta solución inteligente, puede haber mucho más de valor. Pueden existir ciertas direcciones conceptuales, aun cuando no haya modos específicos de moverse en esas direcciones. Pueden existir ideas semi-formadas, que todavía no son utilizables porque necesitan más elaboración. Pueden haber surgido nuevos principios aun cuando no se hayan revestido de practicidad. Puede haber un cambio en el "aroma de la idea" (el tipo de idea generado). Puede haber un cambio en el campo de soluciones percibidas (donde la gente busca soluciones). Puede haber "áreas sensibles a las ideas" recién determinadas (áreas donde un concepto nuevo podría implicar una gran diferencia). Todas estas cosas deberían tenerse en cuenta.

Parte del proceso creativo debería ser la formación y adaptación de una idea a fin de acercarla a la satisfacción de dos tipos de necesidades. La primera de ellas es la de la situación. Se intenta ajustar una idea para hacerla útil. Esto se lleva a cabo mediante la aportación de restricciones que luego se utilizan como ajustes.

—Es una gran idea, pero en su forma actual resultaría demasiado onerosa. ¿Podemos ajustarla de modo que no sea tan cara?

—Las normas de edificación no nos permitirían hacer eso de momento. ¿Podemos ajustar la idea de modo que no contravenga las normas? ¿Es posible?

—Es el producto adecuado para una gran empresa. Pero nosotros no somos una gran empresa. ¿Hay alguna forma de utilizar la idea?

Adviértase que las restricciones se presentan como ajustes y no como grillas de rechazo.

El segundo grupo de necesidades que se deben satisfacer son las de las personas que actuarán sobre la idea. Lamentablemente, el mundo no es perfecto. Sería agradable que todos pudieran ver en una idea la brillantez y potencial que aprecia quien la crea. Pero no suele ser el caso. Por ende, es parte del proceso creativo el ajuste de la idea a fin de que se adapte mejor al perfil de necesidades de quienes la "compran".

—Actualmente sólo interesan las ideas que permitan ahorrar dinero. ¿Existe alguna forma de considerar que esta idea hace ahorrar dinero? ¿Ahora o después?

—Una idea no debe ser demasiado novedosa si se quiere que se acepte. Debe semejarse a una idea anterior cuya efectividad haya sido probada. ¿Qué comparaciones se pueden hacer?

—Se pone mucho énfasis en la capacidad de poner a prueba las ideas en forma de planes-piloto. ¿Cómo podemos probar esta idea?

—La tecnología de punta es la nueva moda. ¿Podría la tecnología electrónica mejorar esta idea?

A veces puede parecer que este proceso linda con lo deshonesto. Sin embargo, no hay nada de deshonesto en diseñar un producto para el comprador. Por lo tanto, las ideas deben ajustarse a las necesidades del comprador (dentro de la organización).

En algunos de mis libros he esbozado el rol del manager de conceptos. Es la persona responsable de estimular, recopilar y alimentar ideas. Es quien se encargaría de organizar reuniones para generar ideas. Es quien pondría los problemas frente a quienes corresponde que los resuelvan. Es la persona que cuidaría de las ideas del mismo modo en que un manager financiero cuida de las finanzas.

Si esta persona existe, se encarga de recopilar el producido del pensamiento de sombrero verde. Si no, dicho producido permanece en quienes lo generaron y para su uso personal.

El próximo paso es la etapa del sombrero amarillo. Éste incluye el desarrollo constructivo de la idea. Incluye también la evaluación positiva y la búsqueda de beneficios y valores respaldados. Este tema ya ha sido tratado en el pensamiento de sombrero amarillo.

Le sigue el pensamiento de sombrero negro. En cualquiera de las etapas puede requerirse sombrero blanco, a fin de que suministre los datos necesarios para evaluar si la idea funciona o si resultará valiosa una vez puesta en funcionamiento.

La última etapa es el sombrero rojo: ¿nos gusta la idea como para seguirla? Puede parecer extraño que el final del proceso se haga depender de un juicio emocional. Se espera que este juicio emocional se base en el resultado de los escrutinios de los sombreros negro y amarillo. En definitiva, si no hay entusiasmo por una idea, difícilmente prospere o tenga éxito por más buena que sea.

CAPÍTULO 41

RESUMEN DEL PENSAMIENTO DE SOMBRERO VERDE

EL SOMBRERO VERDE es para el pensamiento creativo. La persona que se lo pone va a usar el lenguaje del pensamiento creativo. Quienes se hallen a su alrededor deben considerar el producto como un producto creativo. Idealmente, tanto el pensador como el oyente deberían usar sombreros verdes.

El color verde es símbolo de la fertilidad, el crecimiento y el valor de las semillas.

La búsqueda de alternativas es un aspecto fundamental del pensamiento de sombrero verde. Hace falta ir más allá de lo conocido, lo obvio y lo satisfactorio.

Con la pausa creativa el pensador de sombrero verde se detiene en un punto dado para considerar la posibilidad de ideas alternativas en ese punto. No hacen falta razones para esta pausa.

En el pensamiento de sombrero verde el lenguaje del movimiento reemplaza al del juicio. El pensador procura avanzar a partir de una idea para alcanzar otra nueva.

La provocación es un elemento importante del pensamiento de sombrero verde y se simboliza con la palabra OP. Se utilizan las provocaciones para salir de nuestras pautas habituales de pensamiento. Existen varias formas de plantear provocaciones, incluyendo el método de la palabra al azar.

El pensamiento lateral es una serie de actitudes, lenguajes y técnicas (que incluyen movimiento, provocación y OP) para saltar de pautas en un sistema autoorganizado de pautas asimétricas. Se utiliza para generar conceptos y percepciones.

CAPÍTULO 42

EL SOMBRERO AZUL

Control del pensamiento

Pensar el pensamiento.

Instrucciones para pensar.

La organización del pensamiento.

Control sobre los otros sombreros.

Imaginemos un tablero de control. Una persona con delantal y gorra azul está operando ese tablero de control.

Con el sombrero azul dejamos de pensar en el tema para pensar en el pensamiento necesario para sondear dicho tema. El color azul es símbolo de control panorámico, dado que el cielo lo abarca todo. El azul sugiere también distanciamiento, tranquilidad y autodominio.

El director de una orquesta convoca primero a los violines y luego a los instrumentos de viento. El director domina la situación. El director usa el sombrero azul. El director es para la orquesta lo que el sombrero azul es para el pensamiento.

Con el pensamiento de sombrero azul nos decimos a nosotros mismos –o a otros– cuál de los otros cinco sombreros usar. El sombrero azul nos indica cuándo cambiar de sombrero. Si el pensamiento es proceso formal, el sombrero azul controla el protocolo.

Los ordenadores siguen un programa que les dice qué hacer en todo momento. El sombrero azul es el sombrero programador del pensamiento humano.

Con el sombrero azul podemos presentar un plan de pensamiento detallando los pasos que deberían seguirse en una secuencia precisa. También podemos usar el sombrero azul para dar instrucciones momento a momento. Los distintos pasos de ballet requieren un coreógrafo que les dé una secuencia. El sombrero azul se usa cuando se necesita hacer la coreografía de los pasos del pensamiento.

La noción de pensamiento estructurado formalmente difiere mucho de la noción de pensamiento como exposición de curso libre sin estructura integral.

—Mi sombrero azul sugiere claramente que busquemos alternativas en este punto.

—No contamos con mucho tiempo para tratar este asunto; así que aprovechemos bien cada minuto. ¿Alguien quiere proponer una estructura de sombrero azul para nuestro pensamiento?

—Hasta ahora no hemos llegado a nada. Me pongo el sombrero azul. Sugiero la incorporación de algún pensamiento de sombrero rojo para renovar el clima. ¿Qué nos parece realmente esta proposición de reducir las horas extra?

A menudo el pensamiento procede a la deriva, reaccionando según lo que surge momento a momento. Hay un trasfondo de intenciones, aunque nunca se las describe como objetivos generales ni como sub-objetivos. Las sugerencias, los juicios, la crítica, la información y las emociones se conjugan en una especie de cazuela del pensamiento. Pareciera que todo fuera cuestión de revolver la sopa hasta tanto un pensador tropiece con un planteamiento probado que parezca lograr lo que se desea. Se trata de una exploración azarosa de la experiencia, guiada por una fuerte crítica negativa. La hipótesis implícita es que, en el curso de un debate, toda persona medianamente inteligente y provista de suficiente información de fondo, enumerará finalmente las alternativas de acción y elegirá la más adecuada.

También existe la suposición de que el pensamiento se moldea con la experiencia pasada y las restricciones del presente, de forma tal que un resultado "evoluciona" y se depura con la crítica. La analogía con la evolución es directa. En la teoría darwiniana son las especies más aptas las que sobreviven, y en el pensamiento subsistirían las ideas más adecuadas. La dura presión del medio sería equiparable a la presión de la negatividad.

En este tipo de pensamiento se comprende que quienes participan en una reunión tengan ya las propuestas de entre las cuales se elegirá la solución. Estas propuestas provienen tal vez del pensamiento personal o quizás las hayan proporcionado "expertos".

En este libro me interesa destacar el tipo de pensamiento cartográfico, que hace mapas, en el cual se explora primeramente el terreno y se toma nota. Luego se observan las posibles rutas y finalmente se elige una. Quienes se hallan comprometidos en una situación dirán que en todo momento han estado pensando el tema cuando se sientan formalmente a deliberar. En efecto, el fin de dichas deliberaciones no es tanto pensar sino intercambiar los resultados del pensamiento que ya se ha efectuado. En este punto nos encontramos cerca del tipo de debate argumentativo, tan típico del pensamiento occidental.

Sería muy feliz si tuviera la sensación de que se realiza una gran cuota de pensamiento cartográfico antes de elaborar distintas opiniones. Pocas veces sucede esto. El pensador enseguida mira a su alrededor, en busca de una opinión basada en la experiencia y el prejuicio, a la que luego procura perfeccionar durante el debate. Un ejemplo es el método tradicional de escritura de ensayos en la escuela. Se alienta al alumno a que ponga la conclusión en el primer renglón del ensayo y a que luego se valga del ensayo para fundamentar la conclusión. Se usa el pensamiento para apoyar, no para explorar. Lo mismo ocurre en la política y en los tribunales. Ambas partes comienzan con posturas fijas.

Las idas y vueltas de un debate dan impulso al pensamiento. Por esta razón a tanta gente le resulta más fácil pensar en grupo que a solas. El pensar por cuenta propia requiere una estructura mucho mayor de sombrero azul.

Si hemos de adoptar el pensamiento de tipo cartográfico, necesitamos contar con una estructura. El ataque y la defensa no pueden proporcionar estructura en este caso. Tal como un explorador necesita algún plan de procedimiento, el pensador necesita también una estructura organizadora.

Una estructura de sombrero azul podría ofrecer un esquema de lo que debe ocurrir a cada instante –casi como el programa de un ordenador. Con mayor frecuencia, el pensamiento de sombrero azul controla al pensamiento de tipo debate en forma muy parecida a la del cochero que controla los caballos guiándolos momento a momento.

—Pensamiento de sombrero blanco en esta etapa.

—Necesitamos ahora algunas propuestas. Ello implica pensamiento de sombrero amarillo. Sugerencias concretas, por favor.

—Ahora retengan un poco su pensamiento de sombrero negro. No me convencen las ideas que tenemos. Pongámonos un momento el sombrero verde.

Lo que ocurre con más frecuencia es que se debe insertar el sombrero que corresponda durante la marcha de un debate de tipo tradicional.

—Quiero que cada uno me dé sus ideas de sombrero rojo sobre este punto. Si recuerdan, con el sombrero rojo está permitido desplegar las emociones y los sentimientos sin necesidad de justificarlos de manera alguna.

—Tal vez no lo sepan, pero han estado usando el sombrero negro –es decir, el juicio negativo. Nos han dicho por qué no funcionará esto. Quiero que ahora se lo cambien, por unos minutos, por el amarillo. Con él pueden hacer evaluaciones positivas.

—No deseo sus opiniones ni sus sugerencias. Quiero unos pocos minutos de puro pensamiento de sombrero blanco. Los hechos y cifras sin interpretación.

—Creo que necesitamos detenernos y usar un poco de sombrero azul. Olvídense del tema por un momento. ¿Cómo deberíamos organizarnos el pensamiento?

Debe decirse que el pensamiento de sombrero azul no se limita a organizar la utilización de los otros sombreros. El pensamiento de sombrero azul se usa también para organizar otros aspectos del pensamiento, tales como evaluación de prioridades o enumeración de restricciones. Puede ser utilizado también para orquestar el uso de las diversas herramientas de pensamiento TIC, como el PMI.

CAPÍTULO 43

PENSAMIENTO DE SOMBRERO AZUL

El foco

Formular las preguntas adecuadas.

Definir el problema.

Determinar las tareas del pensamiento.

El foco es uno de los roles clave del pensamiento de sombrero azul. La diferencia entre un buen y un mal pensador radica a menudo en la capacidad de enfoque. ¿En qué debería consistir el pensamiento? No basta con ser consciente del propósito general del pensamiento.

—Deseamos enfocar la preparación de una serie de respuestas posibles a la disminución de precios que ha efectuado nuestra competencia.

—Enfoquemos lo que cada uno de nosotros quiere de estas vacaciones.

—Paraguas y publicidad. Deseo ideas creativas acerca del modo en que los paraguas comunes podrían usarse en publicidad.

—¿Cómo podemos conseguir que los huéspedes queden tan satisfechos que convenzan a sus amigos de que se alojen en nuestro hotel? Éste es el foco específico de atención.

—El foco general es conseguir que los segmentos nuevos del mercado coman en nuestras sucursales de comida rápida. El foco específico es conseguir que la gente mayor concurra a nuestros establecimientos fuera de las horas de mayor actividad.

Un foco puede ser amplio o cerrado. Dentro del foco amplio puede haber varios focos cerrados específicos. Lo que importa es que el foco se debe manifestar de un modo preciso. El pensamiento de sombrero azul debería utilizarse para aportar definición al foco. El pensamiento de sombrero azul debería usarse para controlar cualquier desviación del foco. El tiempo que se emplea para pensar en el pensamiento no es tiempo perdido.

—Me estoy poniendo el sombrero azul para decir que nos hemos desviado mucho de lo que nos habíamos propuesto para pensar. Tenemos un montón de ideas interesantes, pero ninguna es relevante para el foco inicial. Debemos recuperar la pista. ¿Algún otro comentario de sombrero azul?

—Pónganse el sombrero azul y digan qué piensan de lo que estamos haciendo. ¿Estamos yendo a alguna parte?

Formular una pregunta es el modo más sencillo de enfocar el pensamiento. A menudo se afirma que la pregunta exacta puede ser la parte más importante del pensamiento. Lamentablemente es mucho más fácil formular retrospectivamente la pregunta exacta, después que se ha dado la respuesta. Sin embargo, la atención cuidadosa al marco y al foco de una pregunta es un aspecto importante del pensamiento de sombrero azul.

En las lecciones de pensamiento TIC, las preguntas se dividen en dos grupos. Hay una *pregunta indagatoria*, explorativa (como poner carnada en el anzuelo, pero sin saber a ciencia cierta lo que podría aparecer). Hay una *pregunta que dispara*, que se usa para verificar un punto y cuya respuesta es directamente sí o no (como apuntar a un pájaro y matarlo o perder el tiro).

—La pregunta no es tanto qué hacemos sino cuándo lo hacemos. Fijar el tiempo es vital. ¿Qué factores deberían contemplarse?

—La pregunta es si las ventajas impositivas fueron percibidas verdaderamente por el cliente o si sólo proporcionaron a nuestros vendedores un factor conveniente de venta.

Un problema es, en realidad, sólo un tipo especial de pregunta. ¿Cómo lograr esto? Es importante definir el problema. De otro modo la solución puede ser irrelevante o resultar innecesariamente engorrosa. ¿Es éste el verdadero problema? ¿Por qué queremos resolver este problema? ¿Cuál es el problema subyacente?

—El tiempo frío no es el verdadero problema. El problema es cómo la gente lo percibe. Podemos cambiar esto.

—El problema no es que no tenemos nieve, sino que no podemos esquiar. Entonces llevamos a la gente en autobuses hacia donde hay nieve.

En lugar de pretender hallar la mejor definición de un problema, es más práctico presentar una serie de definiciones alternativas. Todo esto es parte del pensamiento de sombrero azul.

El papel del pensador de sombrero azul es también establecer tareas específicas de pensamiento. Esto es aún más importante si alguien está pensando solo.

—Fijemos el objeto de esta reunión. ¿Qué conclusión consideraríamos exitosa?

—Comencemos por determinar las zonas de acuerdo entre ambas partes.

—La tarea de pensamiento es diseñar el modo como podríamos decidir esta cuestión aquí y ahora.

—Enumeremos cuatro "zonas vivas de ideas", que se relacionen con la educación escolar.

—Demos ideas de sombrero negro a nuestra campaña publicitaria.

Una tarea de pensamiento puede ser puntual o puede ser amplia. Una tarea de pensamiento puede requerir un logro específico o puede exigir un aporte dentro de un área mayor.

—Sólo quiero alguna idea exploratoria acerca de este negocio de compras mediante el televisor.

—¿Cómo podemos verificar si su estrategia ha tenido éxito?

—¿Por qué se nos hace difícil decidir entre estas alternativas?

Cuando no se puede realizar la tarea de pensamiento, es necesario que se haga notar esa deficiencia.

—No podemos dar una explicación a este aumento del consumo de caramelos. Tendremos que regresar a ello más tarde, y ver si podemos esgrimir alguna hipótesis verificable.

—No se nos ha ocurrido ninguna idea para incrementar el consumo de cordero. Tal vez nos convenga desglosar esto en sub-problemas.

El pensador de sombrero azul levanta el blanco y dice: "Es éste. Disparen en esta dirección".

CAPÍTULO 44

PENSAMIENTO DE SOMBRERO AZUL

Diseño de programas

Paso a paso.

El software del pensamiento.

Coreografía.

Los ordenadores tienen un software que les dice qué hacer a cada instante. Sin software el ordenador no puede activarse. Una de las funciones del pensamiento de sombrero azul es diseñar el software del pensamiento para que piense sobre un asunto determinado. Es posible tener estructuras fijas que pueden aplicarse a cualquier situación. En una de las secciones TIC propongo justamente una estructura de ese tipo, denominada PISCO (propósito, ingreso, soluciones, elección, operación). En esta sección apunto al software estandarizado diseñado para situaciones precisas.

—Comenzaremos con algún pensamiento de sombrero azul para diseñar el programa que pretendemos seguir.

—Ésta no es una situación habitual. ¿Dónde comenzamos? ¿En qué deberíamos estar pensando?

Al final del capítulo anterior afirmaba que la mayoría de las veces el pensamiento de los seis sombreros intervendrá ocasionalmente en el curso de un pensamiento normal del tipo discusión/argumentación. Habrá pedidos ocasionales de algún tipo específico de pensamiento simbolizado por uno de los sombreros para pensar. Ahora quiero examinar la posibilidad de un programa formal que proponga una secuencia de pasos.

Hay una danza libre en la que los bailarines improvisan momento a momento a fin de expresar el tema general. Y también existe un ballet formal en el cual cada paso está determinado con precisión por la coreografía. Aquí me ocupo de este aspecto coreográfico del pensamiento de sombrero azul. No obstante, no quiero que el lector piense que éste es el modo como debería utilizarse todo el tiempo el pensamiento de los seis sombreros.

Quiero dejar en claro también, como hice antes, que los programas de sombrero azul pueden incluir muchos otros aspectos de pensamiento, no sólo los seis sombreros.

—Deberíamos comenzar analizando todos los factores pertinentes al diseño de esta línea de ropa infantil.

—Deberíamos empezar por delinear las áreas de acuerdo, las áreas de desacuerdo y las áreas irrelevantes para este debate.

El proceso que acabo de mencionar se conoce como A.D.I. y constituye una de las herramientas TIC.

El programa variará de situación en situación. El programa para resolver un problema diferirá del diseñado para la construcción de un bote. Un programa de negociaciones no será igual a un programa para tomar una decisión. Incluso en el área de la toma de decisiones, el programa que se utiliza para una decisión puede diferir del que se utilice para otra. El pensador de sombrero azul organiza el programa para que se adecue a la situación tal como el carpintero planifica el modo en que va a hacer una silla o un armario.

Si el tema en cuestión involucra fuertes emociones del pensador, entonces sería razonable poner primero el sombrero rojo en el programa. Ello traería los sentimientos a la superficie, los haría visibles. Si se obviara el sombrero rojo, la persona podría tratar de expresar indirectamente sus emociones por otros medios, tales como un exceso de sombrero negro.

Una vez que las emociones se hacen visibles, el pensador se libera un tanto de ellas. Y entonces se lo puede presionar un poco más para que sea objetivo.

El próximo paso podría ser pensamiento de sombrero blanco, a fin de poner toda la información relevante sobre la mesa. En general, es necesario regresar de tanto en tanto al modo blanco –como si se tratara de una especie de sub-rutina– para verificar diferentes puntos.

Se utiliza entonces el pensamiento de sombrero amarillo para presentar propuestas y sugerencias existentes. Puede suscitarse una interacción entre el pensamiento de sombrero azul y el de sombrero amarillo en tanto el azul formula preguntas y señala las áreas problemáticas. El pensamiento de sombrero blanco puede también aportar planteos de "última generación" al problema.

—Lo que en estas situaciones hicimos en el pasado es lo siguiente.

—Todos ustedes ya conocen los planteos tradicionales. De todos modos, voy a reiterarlos.

El pensamiento de sombrero azul podría definir zonas de foco que requieren conceptos nuevos. El sombrero verde intentaría entonces generar algunos conceptos nuevos. Alternativamente, podría haber un período formal de sombrero verde en el que cada pensador individual realice su pausa creativa.

—Me gustaría ver la posibilidad de algún método más sencillo para ajustar los pagos extra al flujo de caja.

—Debe haber una forma mejor de vender libros. Quiero usar el sombrero verde en este tema.

En este punto, un intervalo de pensamiento de sombrero azul organizaría las propuestas disponibles de manera que hubiera una lista formal. Las propuestas podrían situarse entonces en distintas categorías: las que necesitan valoración personal, las que requieren de ampliaciones, las que sólo necesitan anotarse.

Podría efectuarse ahora una mezcla de pensamientos de sombreros blanco, amarillo y verde, para desarrollar y hacer avanzar cada una de las propuestas. Esta es la etapa del pensamiento constructivo.

El pensamiento de sombrero amarillo, solo, se usa ahora para dar una evaluación positiva de cada una de las alternativas que se considera que son posibilidades serias.

Luego se utiliza el pensamiento de sombrero negro en un sentido selectivo. El propósito del sombrero negro es señalar qué alternativas son imposibles o inutilizables. El pensamiento de sombrero negro también puede objetar el valor de las alternativas utilizables.

Los pensamientos de sombreros amarillo y verde se usan entonces para superar los obstáculos que ha presentado el sombrero negro: los errores deben corregirse, las debilidades deben suprimirse y los problemas, resolverse.

Hay una inspección adicional del sombrero negro para señalar riesgos, peligros y déficits.

A continuación puede ocurrir un intervalo a cargo del sombrero azul, que formula un panorama global de lo obtenido y, asimismo, organiza la estrategia de la "elección de ruta".

Le sigue ahora el pensamiento de sombrero rojo, que permite que los pensadores expresen sus sentimientos sobre las opciones disponibles.

El procedimiento de elección viene en seguida, a modo de mezcla de pensamiento de sombreros amarillo y negro, en busca de la alternativa que mejor se adapte a las necesidades.

Finalmente, una sesión de sombrero azul determina la estrategia para pensar la puesta en práctica.

Todo esto puede parecer una secuencia bastante compleja, pero en la práctica cada lenguaje deriva en el siguiente, igual que los cambios de marcha cuando se conduce un automóvil.

Cuando se va a establecer un programa fijo, es esencial que cada una de las personas que participa con su pensamiento lo vea con toda claridad. Si un pensador sabe que en breve sucederá un lapso de sombrero negro, se sentirá menos obligado a interferir con expresiones de sombrero negro motivadas en su temor a que de otro modo perdería su oportunidad.

Debería recordarse que la mayor parte del pensamiento es una mezcla de sombreros negro y blanco, con un trasfondo de emociones inexpresadas de sombrero rojo.

—Esta es la razón por la que tu sugerencia no funcionará.

El programa de sombrero azul puede estar predeterminado por quien dirige la sesión de pensamiento, o bien pueden diseñarlo, mediante pensamiento de sombrero azul, todos los presentes en la sesión.

CAPÍTULO 45

PENSAMIENTO DE SOMBRERO AZUL

Síntesis y conclusiones

Observación y visión global.

Comentario.

Síntesis, conclusiones, cosecha e informes.

El pensador de sombrero azul considera el pensamiento que se desarrolla. Él es el coreógrafo que diseña los pasos, pero también el crítico que observa lo que acontece. El pensador de sombrero azul no conduce el automóvil en el camino, pero observa al conductor. También presta atención a la ruta que van siguiendo.

El pensador de sombrero azul puede hacer comentarios acerca de lo que observa.

—Estamos perdiendo demasiado tiempo en la discusión de este tema. Anotémoslo como un punto en el cual hay ideas conflictivas.

—Parece que estamos demasiado preocupados por el coste de esta operación, pero no hemos determinado aún si nos va a proporcionar algún beneficio. Deberíamos haber empezado por ahí.

—David, has estado presionando todo el tiempo con la misma idea. La anotaremos como una firme posibilidad y la estudiaremos más tarde. Creo que deberíamos intentar nuevas alternativas. Esto es una indagación, no un debate.

De tanto en tanto, el pensador de sombrero azul da un panorama global de lo que ha sucedido y se ha obtenido. Es la persona que se mantiene cerca del diagrama o del mapa o de los borradores y está presto para enumerar las alternativas que van surgiendo.

—Sinteticemos lo obtenido hasta ahora.

—Voy a repasar los puntos principales que se han expuesto. El que disienta con mi síntesis, que me lo informe.

La tarea del pensador de sombrero azul es dar forma a lo que puede parecer una discusión caótica.

Aunque hablo del pensador de sombrero azul como si se tratara de una persona, siempre es posible que todos los miembros del grupo realicen estas tareas de pensamiento de sombrero azul. De hecho, un pensador de sombrero azul puede pedir a cualquiera que se ponga este sombrero y desarrolle la tarea.

—Sugiero que hagamos una pausa. Propongo que todos nos pongamos los sombreros azules y dediquemos los pocos minutos que restan a hacer una síntesis individual de lo que creemos haber obtenido hasta el momento.

—Hablemos por turno. Pónganse el sombrero azul y díganme adónde hemos llegado.

Tal como el rol del pensador de sombrero azul es de vez en cuando sintetizar lo conseguido, también lo es encargarse de exponer ordenadamente las conclusiones finales.

—Con el sombrero azul, me parece que nuestras conclusiones son las siguientes.

—¿Estamos todos de acuerdo en que son éstas las conclusiones?

La síntesis final y la preparación del informe son tareas del pensamiento de sombrero azul. Ello no significa que sea función de un solo individuo (aunque puede serlo). Significa que cada pensador desempeña su papel de sombrero azul para comentar con exactitud y objetividad el pensamiento que se ha suscitado.

Una de las funciones del pensamiento de sombrero azul es ser el fotógrafo que observa y registra el pensamiento que ocurre y ha ocurrido.

CAPÍTULO 46

PENSAMIENTO DE SOMBRERO AZUL

Control y seguimiento

El presidente.

Disciplina y foco.

¿Quién está a cargo?

El presidente de cualquier reunión suele tener, por el hecho de serlo, una función de sombrero azul. Se encarga de mantener el orden y asegurar que se cumpla con el temario establecida. Es posible asignar una función específica de sombrero azul a una persona distinta. Este pensador de sombrero azul tendrá la tarea de hacer el seguimiento del pensamiento dentro del marco establecido por el presidente. Puede suceder perfectamente que el presidente mismo no esté particularmente capacitado para hacer ese seguimiento.

También quiero subrayar que cualquiera, en una reunión, puede desarrollar la función de sombrero azul.

—Me voy a poner el sombrero azul para pensar y así declarar que los comentarios de la Srta. Brown no son adecuados en este momento.

—Me voy a poner el sombrero azul para decir que nos estamos desviando mucho del tema central.

—Mi pensamiento de sombrero azul me dice que deberíamos calificar este punto de problema clave. Deberíamos abordarlo, entonces. Ahora o más tarde.

El pensamiento de sombrero azul se asegura de que se respetan las reglas del juego. Este aspecto disciplinario puede ser función del presidente o del pensador de sombrero azul designado al efecto; pero está abierto también al comentario de cualquiera.

—Este es pensamiento de sombrero rojo. Queremos sus emociones, no la razón de ellas.

—Lo siento, pero eso es definido pensamiento de sombrero negro y no corresponde a este momento.

—Este no es el modo de tratar una idea con pensamiento de sombrero verde. Se supone que debes utilizar el movimiento y no enjuiciar.

—¿Creen verdaderamente que esa es información de sombrero blanco? Parece más bien un sentimiento de sombrero rojo.

—El rol del sombrero azul es el de sintetizar el pensamiento desarrollado, no el de tomar partido por una alternativa.

En la práctica, existe mucha superposición entre los diferentes sombreros. Los sombreros amarillo y verde pueden superponerse con mucha frecuencia. Y lo mismo sucede con el rojo y el blanco debido en este caso a la mezcla de opiniones y hechos.

No es práctico cambiar de sombreros con cada acotación que uno hace.

Lo importante es que, si se ha establecido un modo preciso de pensamiento, los pensadores *hagan un esfuerzo consciente* para pensar de esa manera. Si se va a usar pensamiento de sombrero amarillo, entonces se debe usar ése y no otro.

Si no se ha pedido un sombrero especifico, no hace falta suponer que cada comentario aislado deba encuadrarse en uno u otro sombrero. También es perfectamente válido que alguien haga un comentario de tipo procesal sin aclarar formalmente que está usando el sombrero azul.

Por otra parte, es muy importante que, de vez en cuando, se identifique formalmente el sombrero. No basta suponer que el tipo de sombrero se deduce del tipo de observación efectuada. Lo importante es, precisamente, la disciplina de tratar de seguir un modo preciso de pensar. Si esto no se hace, volvemos a la probable confusión y modo argumentativo.

Una de las tareas centrales del control de sombrero azul es interrumpir o acabar las discusiones.

—Creo que el aumento de la venta de carne de pavo se debe a la conciencia que hay sobre la salud.

—Creo que se debe, sencillamente, a que ha bajado de precio.

En este momento el pensador de sombrero azul podría preguntar si hay alguna información de sombrero blanco que resuelva este asunto.

—Como no podemos llegar a una conclusión definitiva, deberíamos anotar que se han propuesto dos explicaciones de esta tendencia. No estamos obligados a decidir cuál es la correcta.

Por lo tanto, ambas posturas se incluyen en el mapa de pensamiento. En este caso particular, ambas pueden ser correctas. Otras veces los dos puntos de vista pueden ser incompatibles. De todos modos, los dos puntos de vista pueden anotarse. Posteriormente se los puede seguir discutiendo.

—Ahora podemos volver a ese aspecto que antes no pudimos resolver. ¿Deberíamos considerarlo como una política comercial francamente predatoria? Enfoquemos ahora directamente este punto.

—El Sr. González cree que una bonificación en los precios de vacaciones modificará apreciablemente las ventas. La Srta. Fernández opina que no, y que ello puede resultar muy oneroso. Tomémonos un tiempo para examinar este punto. ¿Qué nos puede ofrecer el pensamiento de sombrero blanco? ¿Qué nos habría costado ofrecer esa bonificación en años anteriores?

Una forma eficaz de tratar las ideas opuestas es suponer que cada una es válida *en determinadas circunstancias.*

—¿En qué circunstancia tendría razón el Sr. González? ¿En qué circunstancias estaría en lo cierto la Srta. Fernández?

Ambas posturas pueden resultar correctas entonces.

El próximo paso sería evaluar cuál de ambas circunstancias se parece más a la situación actual.

El mismo planteo podría usarse también para evaluar ideas, por medio del método del *mejor lugar*. ¿Cuál sería el mejor lugar para esta idea?

—Este producto sería maravilloso para una gran empresa que domine el mercado. Este otro producto sería el adecuado para una pequeña empresa que intenta hacerse un nicho en el mercado. Bien, ¿dónde estamos nosotros?

Hay ocasiones en las que el pensador de sombrero azul tiene que ser muy contundente.

—Parece que estamos trabados con esta discusión. Apuntemos ambas posturas y volveremos más tarde sobre el tema.

—Estamos utilizando el modo cartográfico, no el argumentativo. Si tienen distintos puntos de vista, anótenlos y basta. No traten de probar que uno es acertado o que el otro es erróneo.

—Ambos han terminado de decir lo que querían. Seguir en esto sería discutir, y no estamos aquí para hacer eso.

—¿Podrían dejar de discutir, por favor?

—Me gustaría que cada uno pensara un poco con el sombrero amarillo sobre el punto de vista del otro. Esto debería terminar con la discusión.

La formalidad del sombrero azul permite a cualquier pensador ser más directo que si no contara con este recurso.

RESUMEN DEL PENSAMIENTO DE SOMBRERO AZUL

El sombrero azul es el sombrero del control. El pensador del sombrero azul organiza el pensamiento mismo. Pensar con el sombrero azul es pensar acerca del pensamiento necesario para indagar el tema.

El pensador de sombrero azul es como el director de orquesta. Es quien propone o llama al uso de los otros sombreros.

El pensador de sombrero azul define los temas hacia los que debe dirigirse el pensamiento. El pensamiento de sombrero azul establece el foco. Define los problemas y elabora las preguntas. El pensamiento de sombrero azul determina las tareas de pensamiento que se van a desarrollar.

El pensamiento de sombrero azul es responsable de la síntesis, la visión global y las conclusiones. Esto puede ocurrir de tanto en tanto durante el curso del pensamiento y también al final.

El pensamiento de sombrero azul supervisa el pensamiento y asegura el respeto de las reglas de juego. El pensamiento de sombrero azul detiene la discusión e insiste en el pensamiento cartográfico. El pensamiento de sombrero azul refuerza y aplica la disciplina.

Se puede usar el pensamiento de sombrero azul en interrupciones eventuales para pedir un sombrero. También puede utilizarse para establecer una secuencia gradual de operaciones de pensamiento que deben respetarse tal como una danza respeta la coreografía.

Aun cuando se asigne a una persona el rol específico del pensamiento de sombrero azul, este rol está abierto a cualquiera que quiera proponer comentarios o sugerencias de sombrero azul.

CONCLUSIÓN

EL MAYOR ENEMIGO DEL PENSAMIENTO es la complejidad, porque conduce a la confusión. Cuando el pensamiento es claro y sencillo resulta más grato y eficaz. El concepto de los seis sombreros para pensar es muy sencillo. Su utilización también es muy simple.

El concepto de los seis sombreros para pensar tiene dos propósitos centrales. El primero es simplificar el pensamiento, permitiendo que el pensador trate una cosa después de otra. En vez de hacerse cargo al mismo tiempo de las emociones, la lógica, la información, la esperanza y la creatividad, el pensador puede encararlas por separado. En vez de valerse de la lógica para disimular a medias una emoción, el pensador puede llevar dicha emoción a la superficie mediante el sombrero rojo y sin necesidad de justificarla. El sombrero negro para pensar puede entonces tratar el aspecto lógico.

El segundo propósito central de los seis sombreros para pensar es permitir una *variación* en el pensamiento. A una persona que en el transcurso de una reunión se ha mostrado continuamente negativa, se le puede pedir que se quite el "sombrero negro". Esto le indica a la persona que está siendo persistentemente negativa. También se puede pedir a esta persona que se ponga "el sombrero amarillo". Éste es un pedido directo de que sea positiva. De este modo, los seis sombreros proporcionan un lenguaje que, sin ser ofensivo, es preciso. Lo más importante es que este lenguaje no amenaza el ego o la personalidad del sujeto. Se convierte en actuación o incluso en un juego. Los seis sombreros permiten que se solicite pensar de ciertos modos. Los sombreros resultan así una especie de instructiva taquigrafía.

No estoy insinuando que en todo momento deberíamos ponernos conscientemente un sombrero u otro. Ello es innecesario. En algunas ocasiones puede que queramos usar todos los sombreros en una secuencia formalmente estructurada; en estos casos deberíamos exponer la estructura por adelantado. Más a menudo querremos ponernos uno u otro sombrero con cierta formalidad en el curso de una discusión. O podemos querer pedir a uno de los presentes que se ponga un sombrero determinado. Al principio esto puede parecer un tanto extraño pero con el tiempo parecerá muy natural. Obviamente, el lenguaje consigue utilidad máxima si todos los miembros de una organización están al tanto de las reglas de juego. Por ejemplo, todos los que acostumbran reunirse para discutir deberían conocer el significado de los distintos sombreros. El concepto funciona mejor cuando se convierte en una especie de lenguaje común.

RESÚMENES

El método de los seis
sombreros para pensar

EL PROPÓSITO DE LOS SEIS SOMBREROS para pensar es desembrollar el pensamiento, de modo que el pensador pueda utilizar un modo de pensar después de otro, en lugar de hacer todo al mismo tiempo o intentarlo. La mejor analogía es la impresión a todo color. Se imprime cada color por separado y al final se reúnen todos y se ve el conjunto.

El método de los seis sombreros para pensar está diseñado para sacar al pensamiento del estilo argumentativo habitual y llevarlo a un estilo cartográfico. Esto hace del pensamiento un proceso de dos etapas. La primera es elaborar el mapa. La segunda es elegir la ruta en el mapa. Si el mapa es suficientemente bueno, la ruta mejor suele ser obvia. Tal como en la analogía de la impresión a color, cada uno de los seis sombreros pone un tipo de pensamiento en el mapa.

No pretendo afirmar que los seis sombreros abarcan todos los aspectos posibles del pensamiento, sino que abarcan los modos principales. Tampoco estoy sugiriendo que nos pongamos uno de los sombreros cada vez que pensamos.

El mayor valor de los sombreros es su misma artificialidad. Brindan una formalidad y una convención para requerir cierto tipo de pensamiento tanto de nosotros mismos como de los demás. Fijan las reglas del juego del pensamiento. Cualquiera que lo juegue va a conocer estas reglas.

Cuanto más se utilicen los sombreros, más se integrarán a la cultura del pensamiento. Todos los miembros de una organización deberían aprender el lenguaje básico de modo que se pueda incorporar a la cultura.

El pensamiento en foco resulta así mucho más potente. En lugar de perder tiempo en discusiones y razonamientos sin rumbo, se contará con un planteo enérgico y disciplinado.

Al principio, es posible que la gente se sienta un poco incómoda con el uso de los sombreros, pero esta incomodidad desaparece apenas la conveniencia del sistema resulta evidente. La primera utilización de los sombreros será un pedido ocasional de usar uno en particular o de cambiar el negro por otro.

Como dije al principio del libro, el gran valor de los sombreros es que proporcionan roles de pensamiento. Un pensador puede enorgullecerse de representar cada uno de esos roles. Sin la formalidad de los sombreros algunos pensadores se estancarían en un modo único (generalmente el negro).

Subrayo una vez más lo fácil que es usar el sistema. No hace falta que el lector se esfuerce en recordar todos los puntos expuestos en estas páginas. Constituyen una ampliación. Lo esencial de cada sombrero es fácil de recordar.

Sombrero Blanco: blanco, virgen, hechos puros, números e información.

Sombrero Rojo: ver rojo, emociones y sentimientos, también presentimiento e intuición.

Sombrero Negro: abogado del diablo, enjuiciamiento negativo, razón por la que no resultará.

Sombrero Amarillo: luz del sol, brillo y optimismo, positivo, constructivo, oportunidad.

Sombrero Verde: fertilidad, creatividad, plantas brotando de las semillas, movimiento, provocación.

Sombrero Azul: moderación y control, director de orquesta, pensar en el pensamiento.

Mientras más personas aprendan el lenguaje, más útil resultará en cualquier organización. La verdad es que no contamos con un lenguaje sencillo como sistema de control de nuestro pensamiento.

Si nos sentimos tan inteligentes que creemos poder prescindir de este sistema, podríamos tener en cuenta que dicho sistema haría que esa inteligencia, de la que tanto nos jactamos, fuera más eficaz aún. Una persona con talento natural para correr se beneficia más que otros si a ese talento aplica disciplina.

—En este momento quiero hacer una acotación de sombrero amarillo. Pruébalo por ti mismo.

Me parece conveniente repetir en las páginas siguientes los resúmenes usados en el libro para cada uno de los seis sombreros para pensar.

RESUMEN DEL PENSAMIENTO DE SOMBRERO BLANCO

Imagine un ordenador que da los hechos y las cifras que se le piden. Es neutral y objetiva. No hace interpretaciones ni da opiniones. Cuando usa el sombrero blanco, el pensador debería imitar al ordenador.

La persona que pide información debe enmarcar y precisar las preguntas a fin de obtener información o para completar vacíos de la información existente.

En la práctica existe un sistema doble de información. El primer nivel contiene hechos verificados y probados, hechos de primera clase. El segundo, hechos que se cree que son verdaderos, pero que todavía no han sido totalmente verificados, hechos de segunda clase.

La credibilidad varía desde "siempre verdadero" hasta "nunca verdadero". En el medio hay niveles utilizables, tales como "en general", "a veces", y "en forma ocasional". Se puede presentar esta clase de información con el sombrero blanco siempre que se use el "marco" apropiado para indicar su grado de probabilidad.

El pensamiento de sombrero blanco es una disciplina y una dirección. El pensador se esfuerza por ser más neutral y más objetivo al presentar la información. Te pueden pedir que te pongas el sombrero blanco o puedes pedirle a otro que lo haga. Se puede optar por usarlo o por quitárselo.

El blanco (ausencia de color) indica neutralidad.

RESUMEN DEL PENSAMIENTO DE SOMBRERO ROJO

El uso del sombrero rojo permite que el pensador diga: "Así me siento con respecto a este asunto".

El sombrero rojo legitima las emociones y los sentimientos como una parte importante del pensamiento.

El sombrero rojo hace visibles los sentimientos para que puedan convertirse en parte del mapa y también del sistema de valores que elige la ruta en el mapa.

El sombrero provee al pensador de un método conveniente para entrar y salir del modo emocional; así puede hacerlo de una manera que no resulta posible sin este truco o instrumento.

El sombrero rojo permite que el pensador explore los sentimientos de los demás cuando les solicita un punto de vista de sombrero rojo. Cuando un pensador está usando el sombrero rojo, nunca debería hacer el intento de justificar los sentimientos o de basarlos en la lógica.

El sombrero rojo cubre dos amplios tipos de sentimiento. En primer lugar, las emociones comunes, que varían desde las fuertes, tales como miedo y disgusto, hasta las más sutiles como la sospecha. En segundo lugar, los juicios complejos, clasificables en tipos tales como presentimientos, intuiciones, sensaciones, preferencias, sentimientos estéticos y otros tipos no justificables de modo perceptible. Cuando una opinión consta en gran medida de este tipo de sentimientos, también se la puede encajar bajo el sombrero rojo.

RESUMEN DEL PENSAMIENTO DE SOMBRERO NEGRO

El pensar de sombrero negro se ocupa específicamente del juicio negativo. El pensador de sombrero negro señala lo que está mal, lo incorrecto y erróneo. El pensador de sombrero negro señala que algo no se acomoda a la experiencia o al conocimiento aceptado. El pensador de sombrero negro señala por qué algo no va a funcionar. El pensador de sombrero negro señala los riesgos y peligros. El pensador de sombrero negro señala las imperfecciones de un diseño.

El pensamiento de sombrero negro no es argumentación y nunca se lo debería considerar como tal. Es un intento objetivo de poner en el mapa los elementos negativos.

El pensamiento de sombrero negro puede señalar los errores en el proceso del pensamiento y en el método mismo.

El pensamiento de sombrero negro puede confrontar una idea con el pasado para verificar si encaja con lo ya sabido.

El pensamiento de sombrero negro puede proyectar una idea en el futuro para verificar qué podría fracasar o ir mal.

El pensamiento de sombrero negro puede hacer preguntas negativas.

El pensamiento de sombrero negro no debería utilizarse para encubrir complacencia negativa o sentimientos negativos, que deberían utilizar el sombrero rojo.

El juicio positivo queda para el sombrero amarillo. De presentarse ideas nuevas, el sombrero amarillo siempre se debe usar antes que el negro.

RESUMEN DEL PENSAMIENTO DE SOMBRERO AMARILLO

El pensamiento de sombrero amarillo es positivo y constructivo. El color amarillo simboliza el brillo del sol, la luminosidad y el optimismo.

El pensamiento de sombrero amarillo se ocupa de la evaluación positiva del mismo modo que el pensamiento de sombrero negro se ocupa de la evaluación negativa.

El pensamiento de sombrero amarillo abarca un espectro positivo que va desde el aspecto lógico y práctico hasta los sueños, visiones y esperanzas.

El pensamiento de sombrero amarillo indaga y explora en busca de valor y beneficio. Después procura encontrar respaldo lógico para este valor y beneficio. El pensamiento de sombrero amarillo trata de manifestar un optimismo bien fundado, pero no se limita a esto, a menos que se califiquen adecuadamente otros tipos de optimismo.

El pensamiento de sombrero amarillo es constructivo y generativo. De él surgen propuestas concretas y sugerencias. Se ocupa de la operabilidad y de hacer que las cosas ocurran. La eficacia es el objetivo del pensamiento constructivo de sombrero amarillo.

El pensamiento de sombrero amarillo puede ser especulativo y buscador de oportunidades. Permite, además, visiones y sueños.

El pensamiento de sombrero amarillo no se ocupa de la mera euforia positiva (sombrero rojo) ni tampoco, directamente, de la creación de ideas nuevas (sombrero verde).

RESUMEN DEL PENSAMIENTO DE SOMBRERO VERDE

El sombrero verde es para el pensamiento creativo. La persona que se lo pone va a usar el lenguaje del pensamiento creativo. Quienes se hallen a su alrededor, deben considerar el producto como un producto creativo. Idealmente, tanto el pensador como el oyente deberían usar sombreros verdes.

El color verde es símbolo de la fertilidad, el crecimiento y el valor de las semillas.

La búsqueda de alternativas es un aspecto fundamental del pensamiento de sombrero verde. Hace falta ir más allá de lo conocido, lo obvio y lo satisfactorio.

Con la pausa creativa el pensador de sombrero verde se detiene en un punto dado para considerar la posibilidad de ideas alternativas en ese punto. No hacen falta razones para esta pausa.

En el pensamiento de sombrero verde el lenguaje del movimiento reemplaza al del juicio. El pensador procura avanzar desde una idea para alcanzar otra nueva.

La provocación es un elemento importante del pensamiento de sombrero verde y se simboliza con la palabra OP. Se utilizan las provocaciones para salir de nuestras pautas habituales de pensamiento. Existen varias formas de plantear provocaciones incluyendo el método de la palabra al azar.

El pensamiento lateral es una serie de actitudes, lenguajes y técnicas (que incluyen movimiento, provocación y OP) para saltar de pautas en un sistema autoorganizado de pautas asimétricas. Se utiliza para generar conceptos y percepciones.

RESUMEN DEL PENSAMIENTO DE SOMBRERO AZUL

El sombrero azul es el sombrero del control. El pensador del sombrero azul organiza el pensamiento mismo. Pensar con el sombrero azul es pensar acerca del pensamiento necesario para indagar el tema.

El pensador de sombrero azul es como el director de orquesta. Es quien propone o llama al uso de los otros sombreros.

El pensador de sombrero azul define los temas hacia los que debe dirigirse el pensamiento. El pensamiento de sombrero azul establece el foco. Define los problemas y elabora las preguntas. El pensamiento de sombrero azul determina las tareas de pensamiento que se van a desarrollar.

El pensamiento de sombrero azul es responsable de la síntesis, la visión global y las conclusiones. Esto puede ocurrir de tanto en tanto durante el curso del pensamiento y también al final.

El pensamiento de sombrero azul supervisa el pensamiento y asegura el respeto de las reglas de juego. El pensamiento de sombrero azul detiene la discusión e insiste en el pensamiento cartográfico. El pensamiento de sombrero azul refuerza y aplica la disciplina.

Se puede usar el pensamiento de sombrero azul en interrupciones eventuales para pedir un sombrero. También puede utilizarse para establecer una secuencia gradual de operaciones de pensamiento que deben respetarse tal como una danza respeta la coreografía.

Aun cuando se asigne a una persona el rol específico del pensamiento de sombrero azul, este rol está abierto a cualquiera que desee proponer comentarios o sugerencias de sombrero azul.

OBRAS DE EDWARD DE BONO

Obras publicadas del autor que se mencionan en este libro:

The Mechanism of Mind (Penguin Books)
Po: Beyond Yes and No (Penguin Books)
Lateral Thinking for Management (Penguin Books)
Lateral Thinking (Penguin Books, Harper and Row, N.Y.) (Hay edición en español, de Editorial Paidós, Buenos Aires - Barcelona)
Practical Thinking (Penguin Books)
Tactics: The Art and Science of Success (Little, Brown, N. Y.)
Conflicts: A Better Way to Resolve Them (Harrap, UK)

Este libro se terminó de imprimir en el mes de noviembre de 2004,
en los Talleres Gráficos Buenos Aires Print, Anatole France 570,
Avellaneda, Buenos Aires, Argentina.